Friedrich Dürrenmatt

Die Heimat im Plakat

Ein Buch für Schweizer Kinder

Diogenes

Die Erstausgabe erschien 1963
im Diogenes Verlag
Umschlagzeichnung von
Friedrich Dürrenmatt

Diogenes Verlag AG Zürich
www.diogenes.ch
40/05/54/1
ISBN 3 257 02086 4

Wohin wir uns auch wenden, sind wir von Plakaten umgeben. Bleiben wir in der Heimat, sind es heimatliche Plakate, prämiert vom Eidgenössischen Departement des Innern, gehen wir in die Fremde, sind es fremdländische Plakate, prämiert von fremdländischen Departementen des Innern. So ist denn dieses Buch ein heimatliches und ein pädagogisches Kinderbuch. Ein Kinderbuch, weil ich es für meine Kinder gezeichnet habe und weil ich überhaupt Erwachsene davor warnen möchte, neigen sie doch dazu, die Welt zu romantisieren, pflegen heute doch nur Kinder die Welt zu sehen, wie sie eben ist, als die einzigen Realisten, die es noch gibt; ein heimatliches Buch, weil diese Plakate die Wände einer Ferienwohnung am Mittelmeer über die Ostern hin schmückten, so daß die Kinder auch in der Fremde mit heimatlichen Motiven umgeben waren, von denen sie an regnerischen Tagen gewissermaßen in die Heimat zurückgeholt wurden; ein pädagogisches Buch endlich, weil die leise Absicht nicht unterdrückt werden konnte, dem Kinde so das ungemein Lehrreiche der Plakatkunst vor Augen zu halten, ihm vorzuführen, daß vermittels des Plakats den Mitmenschen, der Industrie, ja, der Heimat selbst geholfen werden kann. Wer Kinder hat, erziehe sie. Es galt an Beispielen (welche die Kinder selbst wählten) zu zeigen, wie durch die magische Wirkung des Bildes und des suggestiven Slogans etwa einem Bergdorf beigestanden oder dem Lehrermangel entgegengewirkt, aber auch, wie sogar die Musik gefördert werden kann. So mag denn dieses Buch ein Ansporn für Erzieher sein. Umgib dich mit Plakaten, und dich umgibt die Welt, mach den Slogan, und er wird wahr. An euren Plakaten wird man die Welt erkennen.

F. D.

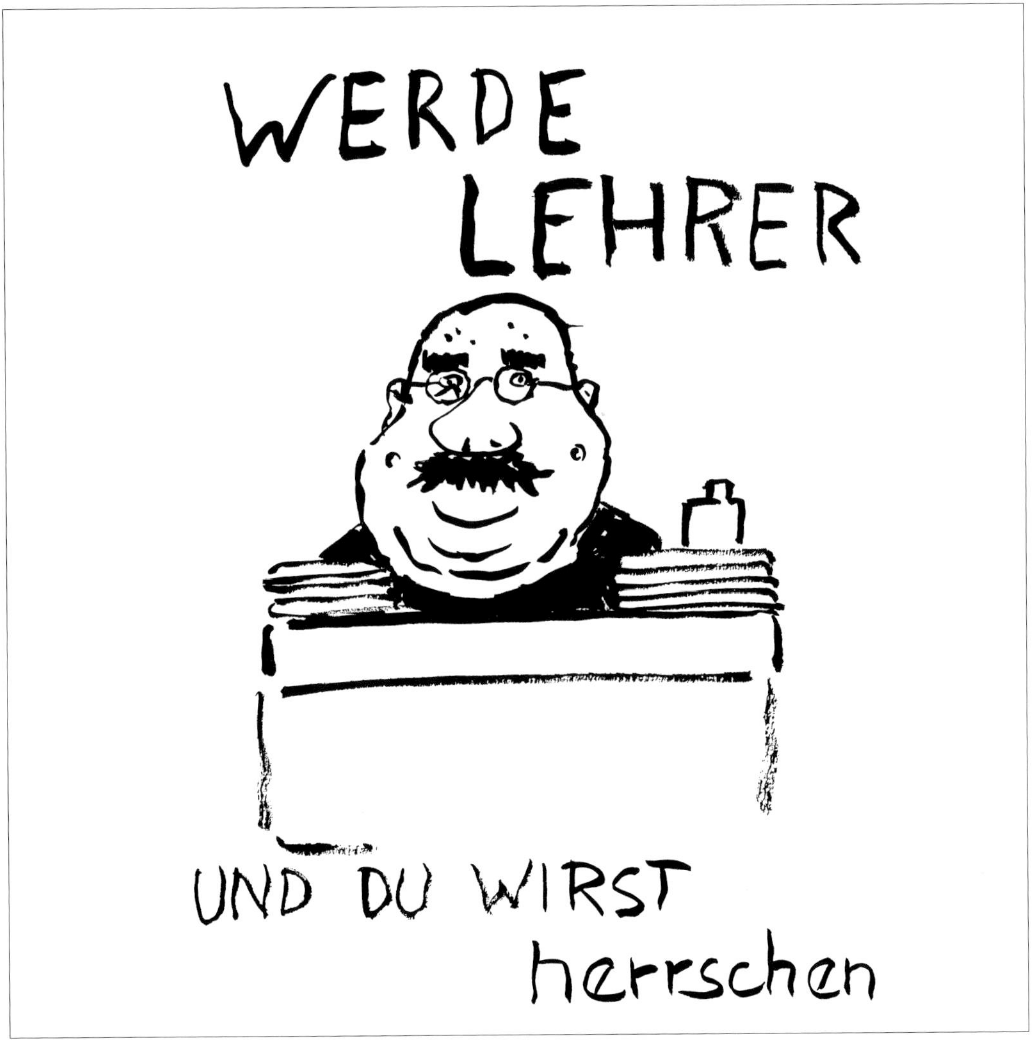
WERDE
LEHRER
UND DU WIRST
herrschen

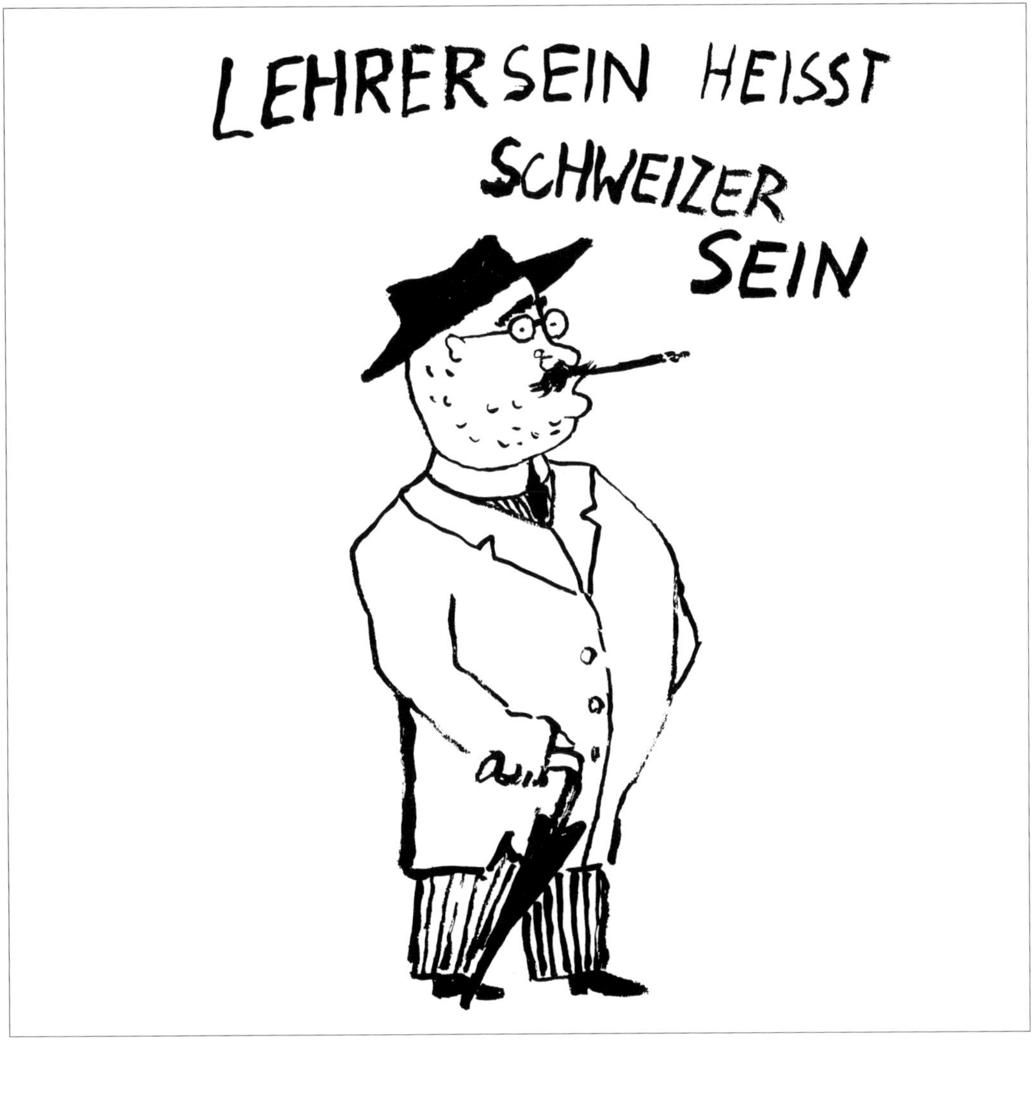
LEHRERSEIN HEISST
SCHWEIZER
SEIN

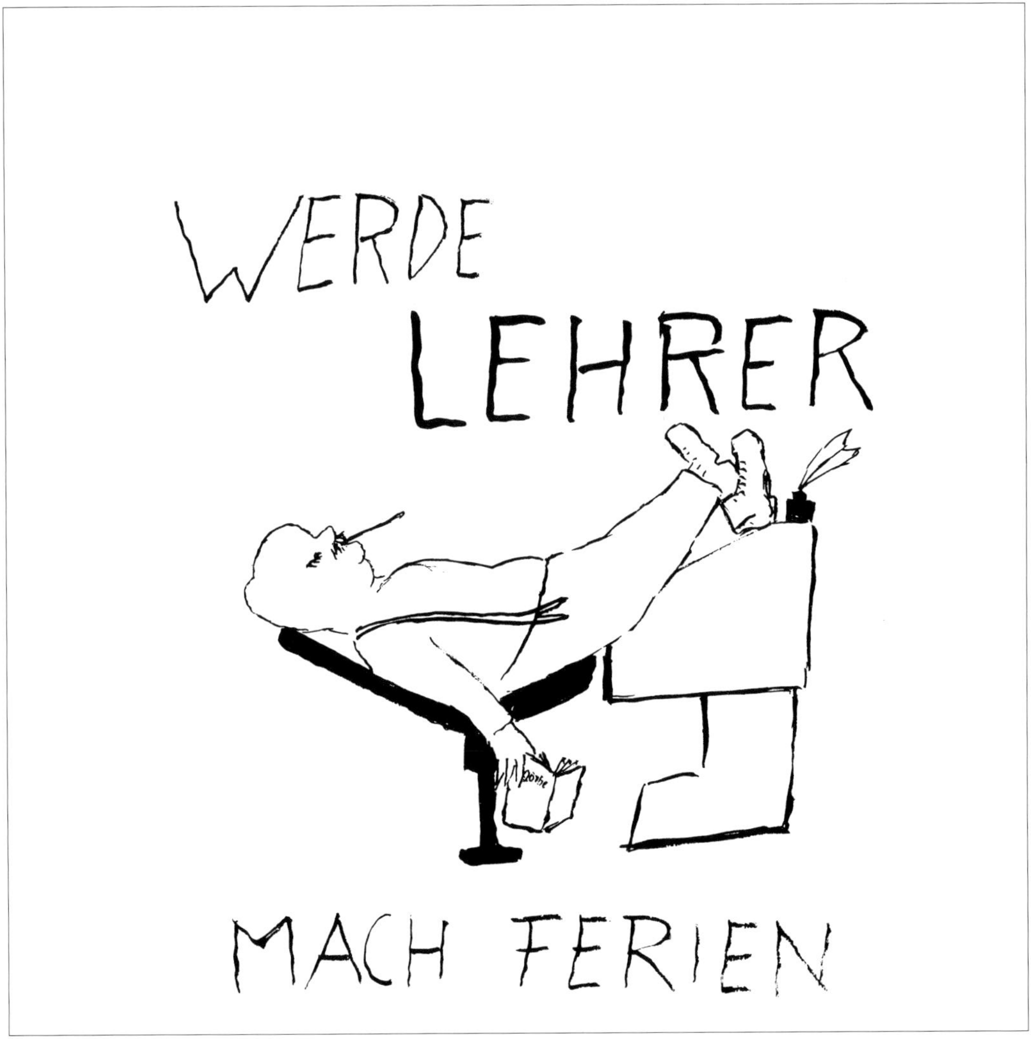
WERDE
LEHRER
MACH FERIEN

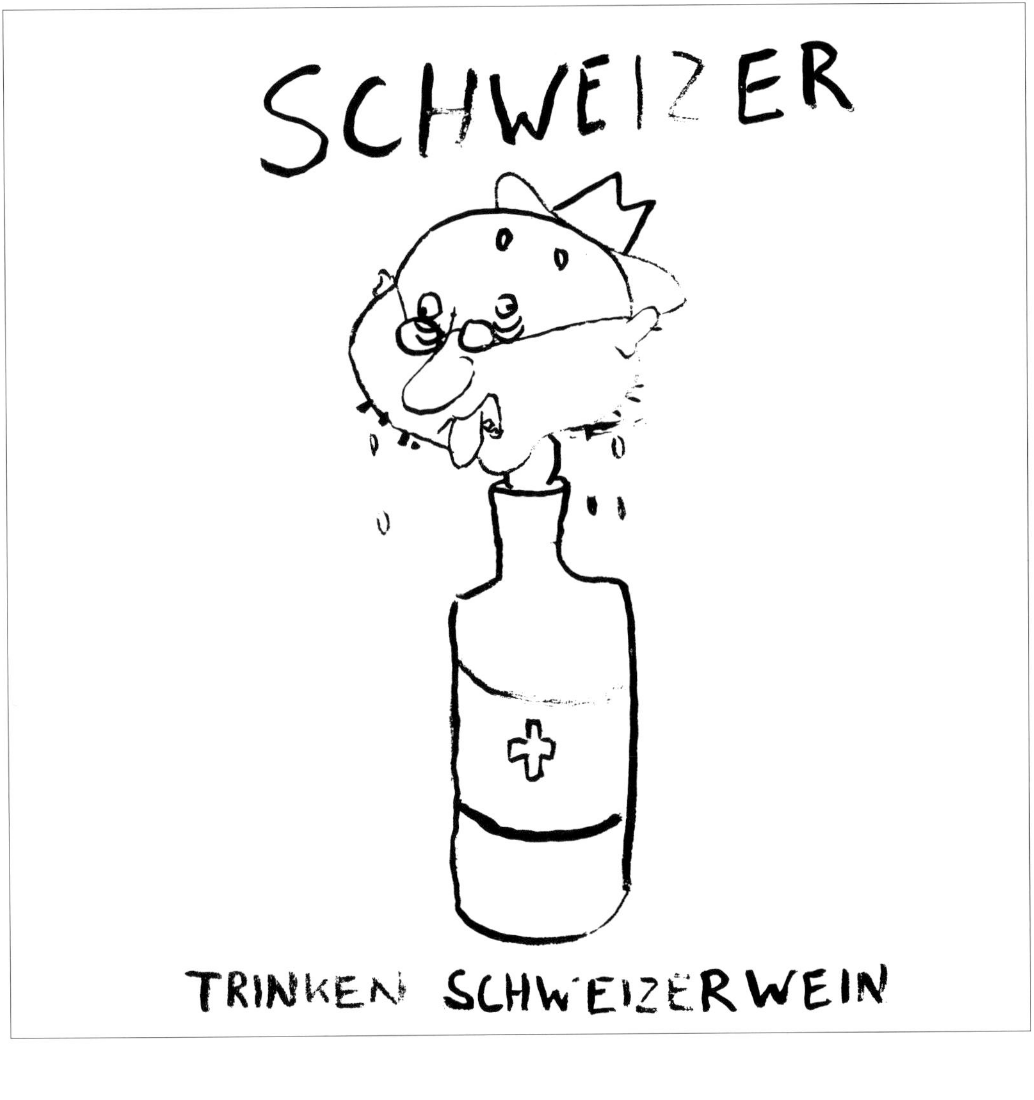
SCHWEIZER
TRINKEN SCHWEIZERWEIN

WERDE LEHRER

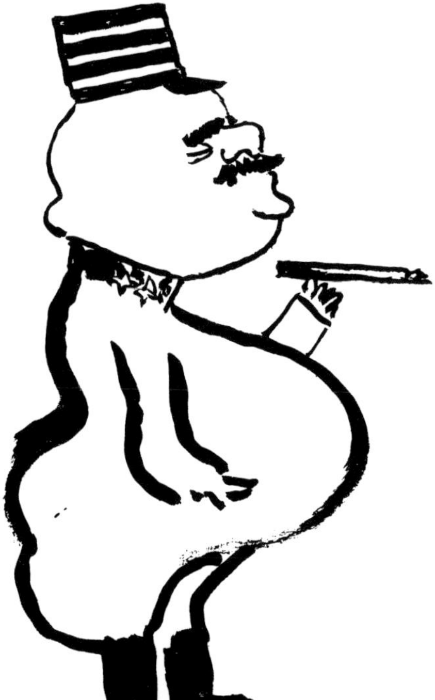

und DU bist Oberst

SEIT ES SCHWEIZERWEINE gibt

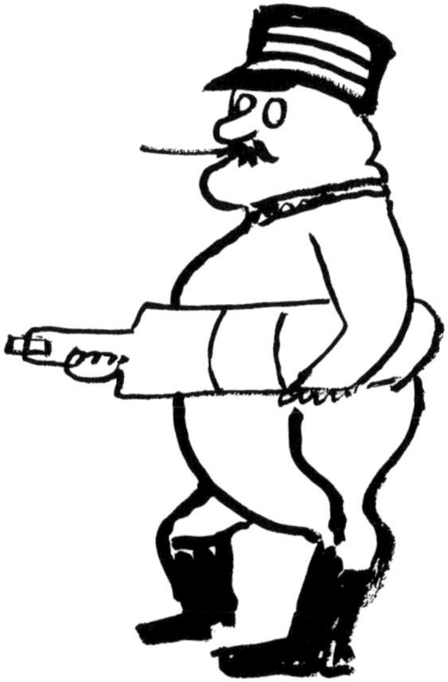

WILL UNS NIEMAND MEHR

EROBERN

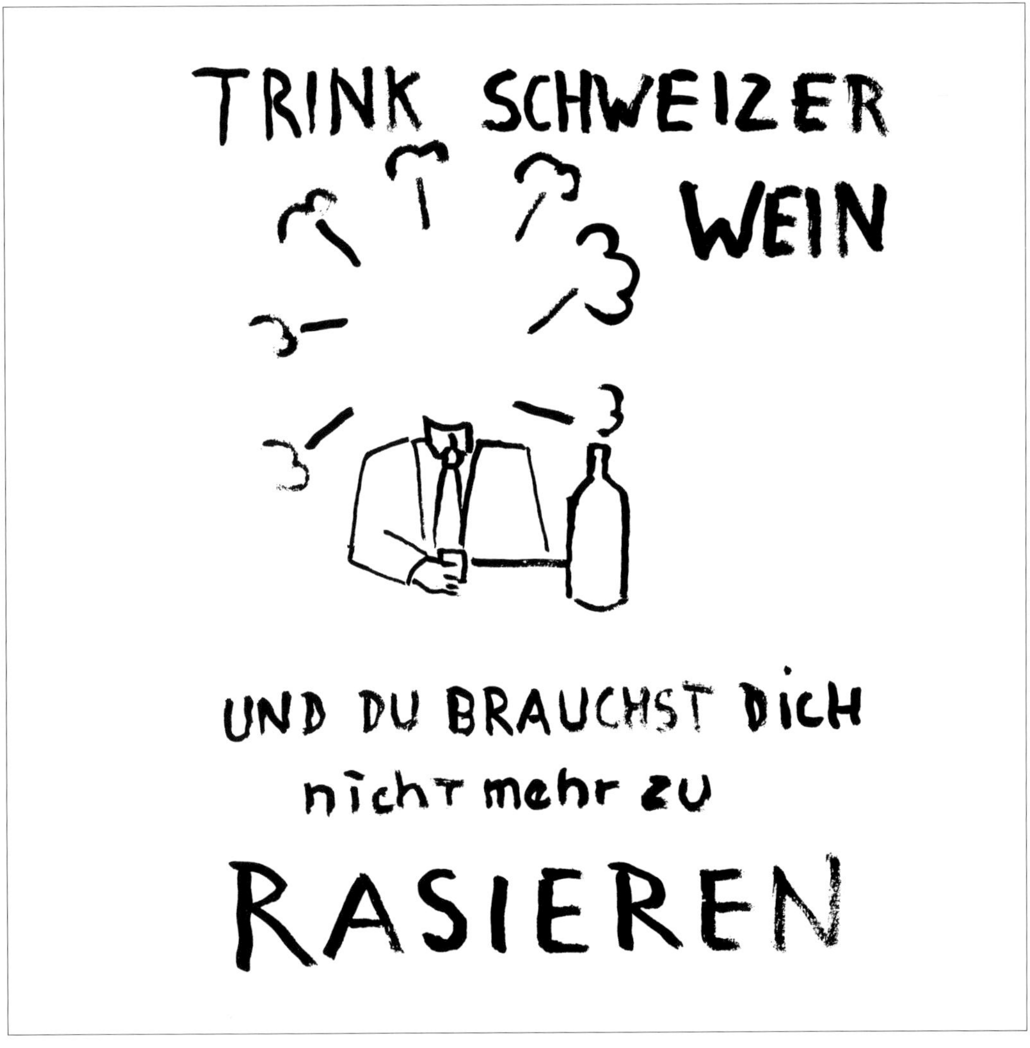
TRINK SCHWEIZER WEIN
UND DU BRAUCHST DICH
nicht mehr zu
RASIEREN

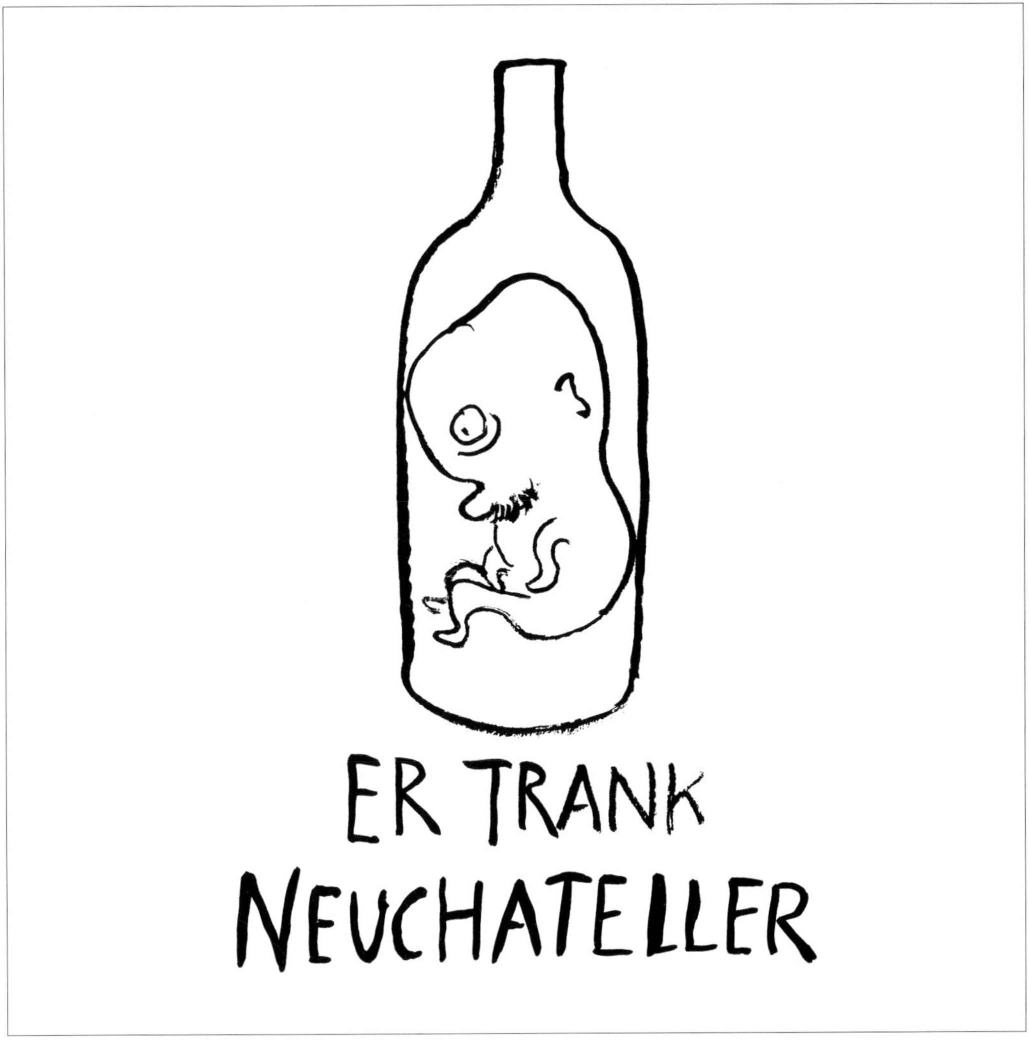
ER TRANK
NEUCHATELLER

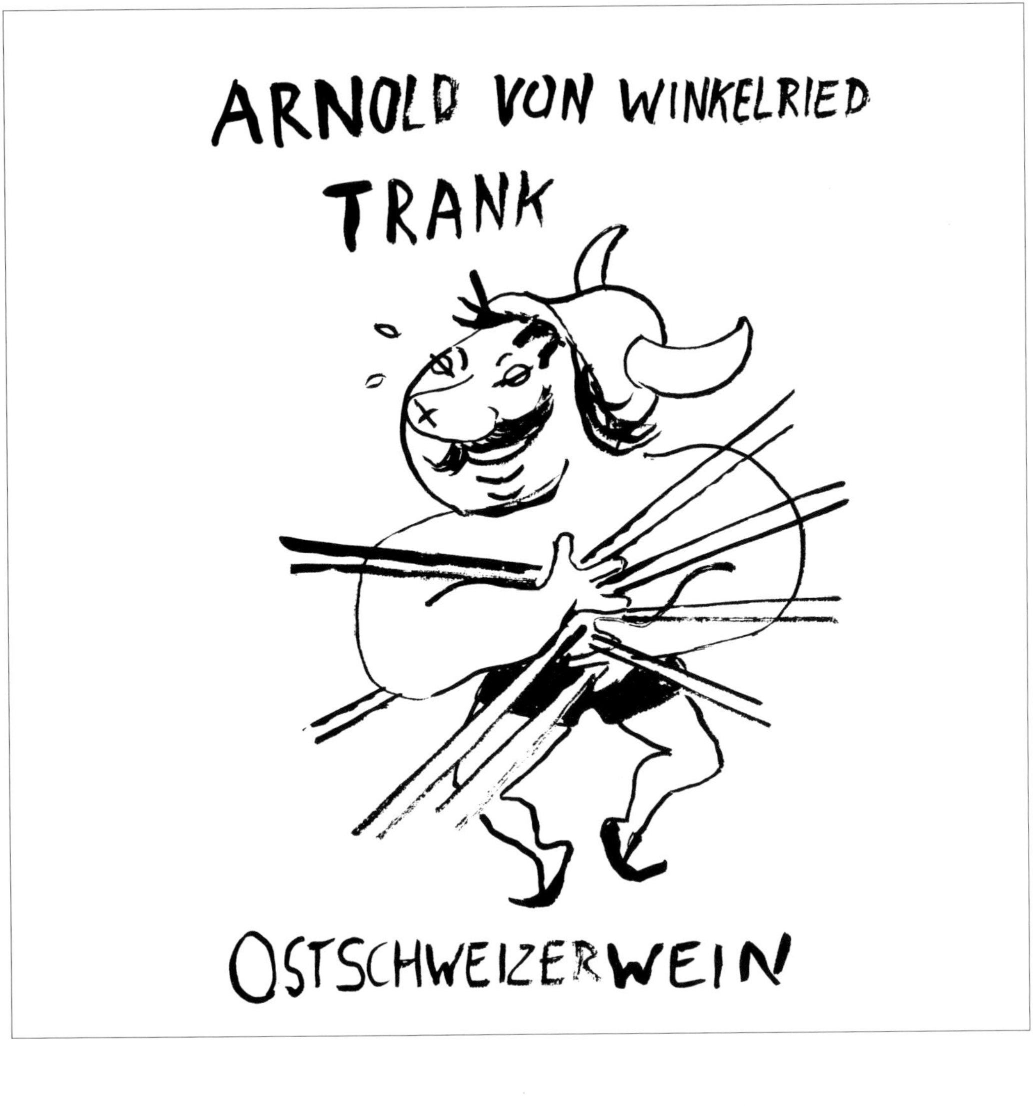
ARNOLD VON WINKELRIED
TRANK
OSTSCHWEIZERWEIN

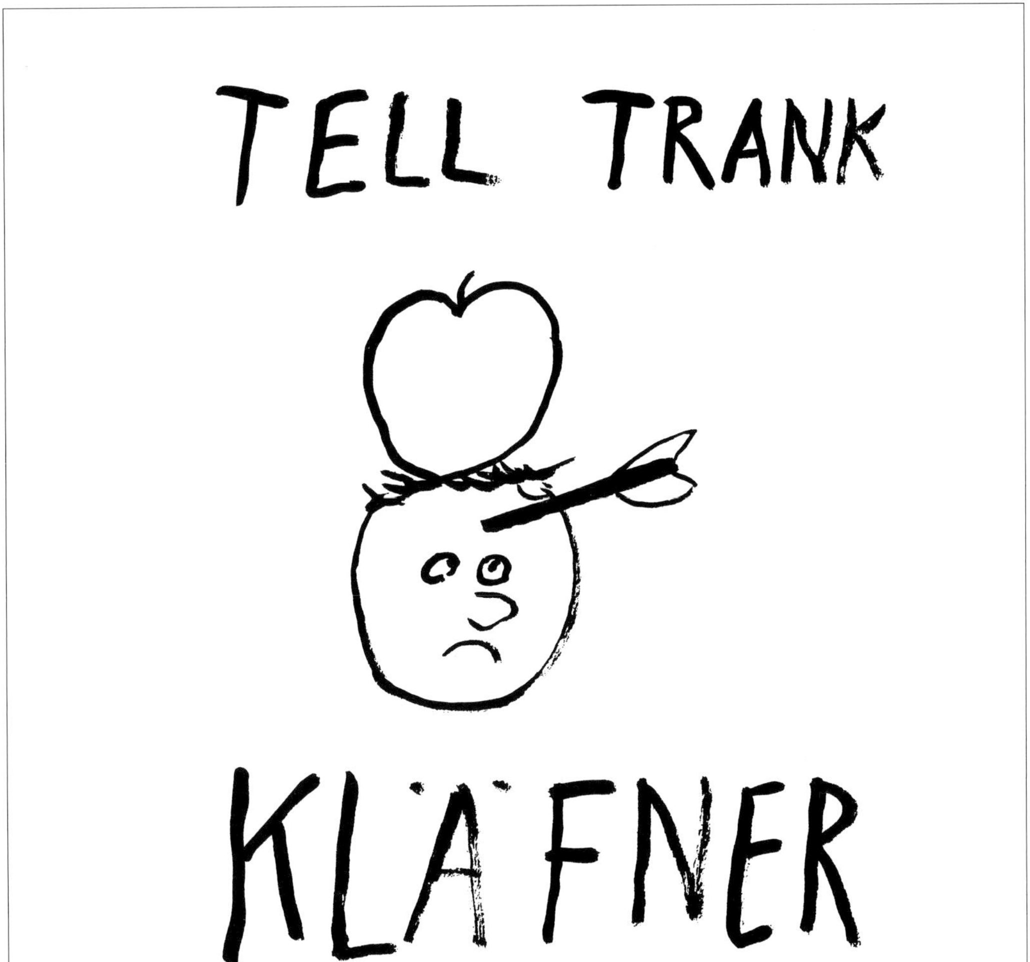
TELL TRANK
KLÄFNER

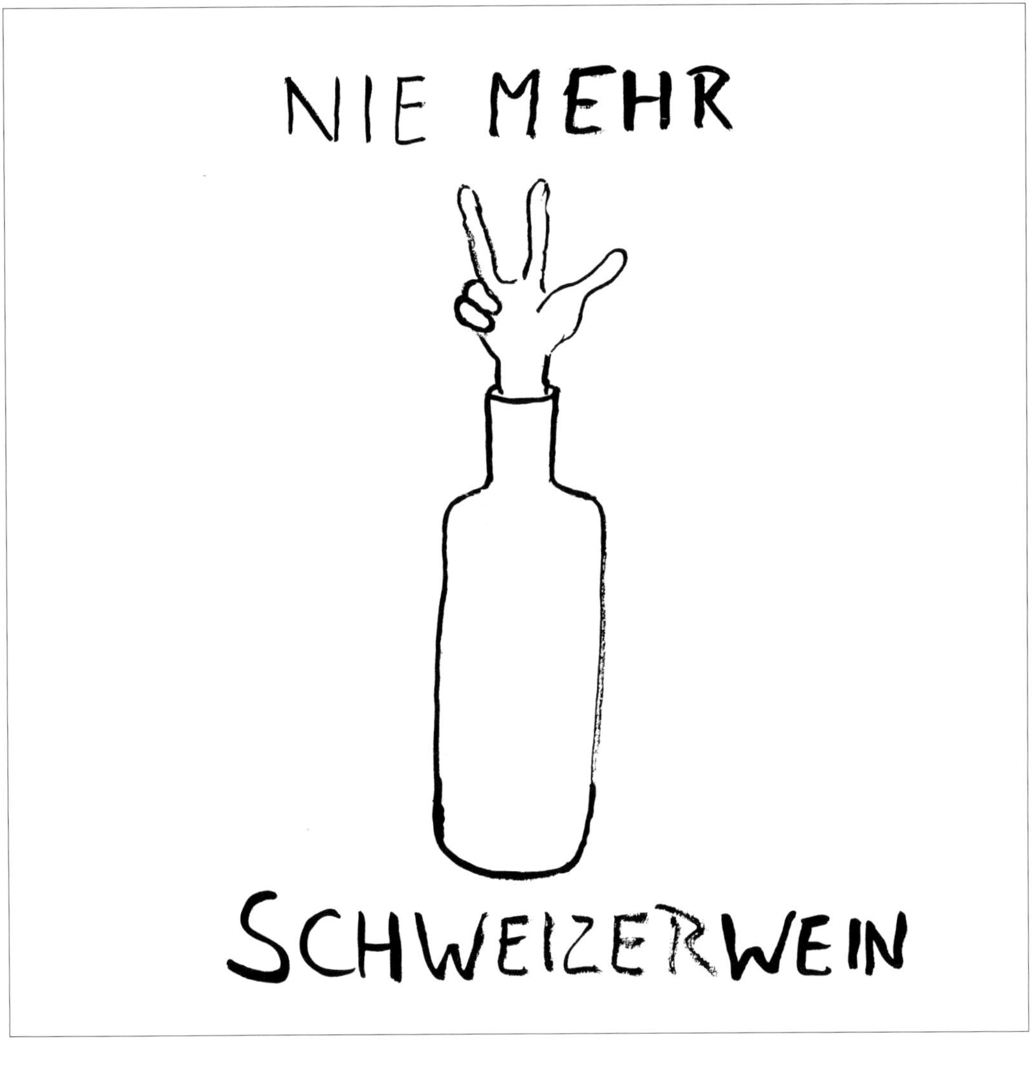
NIE MEHR
SCHWEIZERWEIN

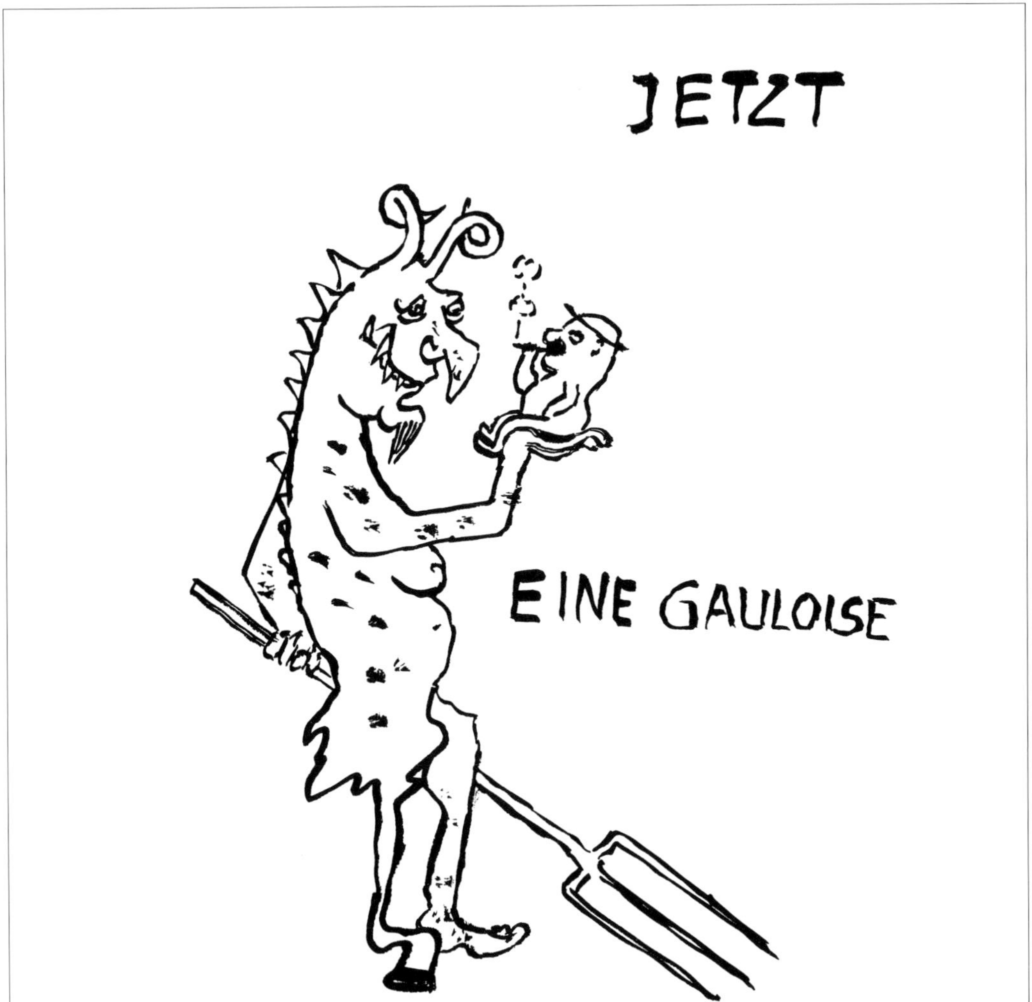
JETZT
EINE GAULOISE

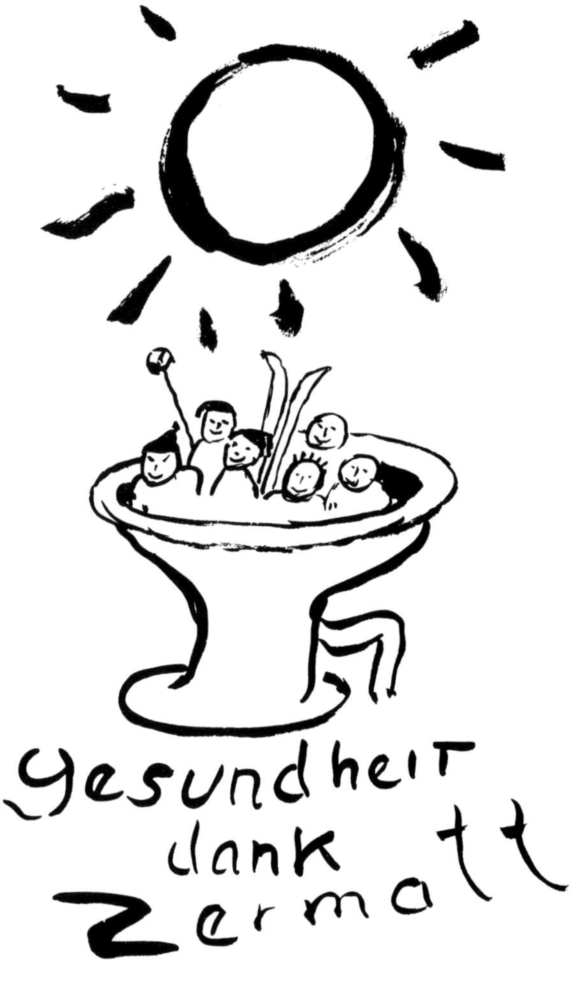
Gesundheit dank Zermatt

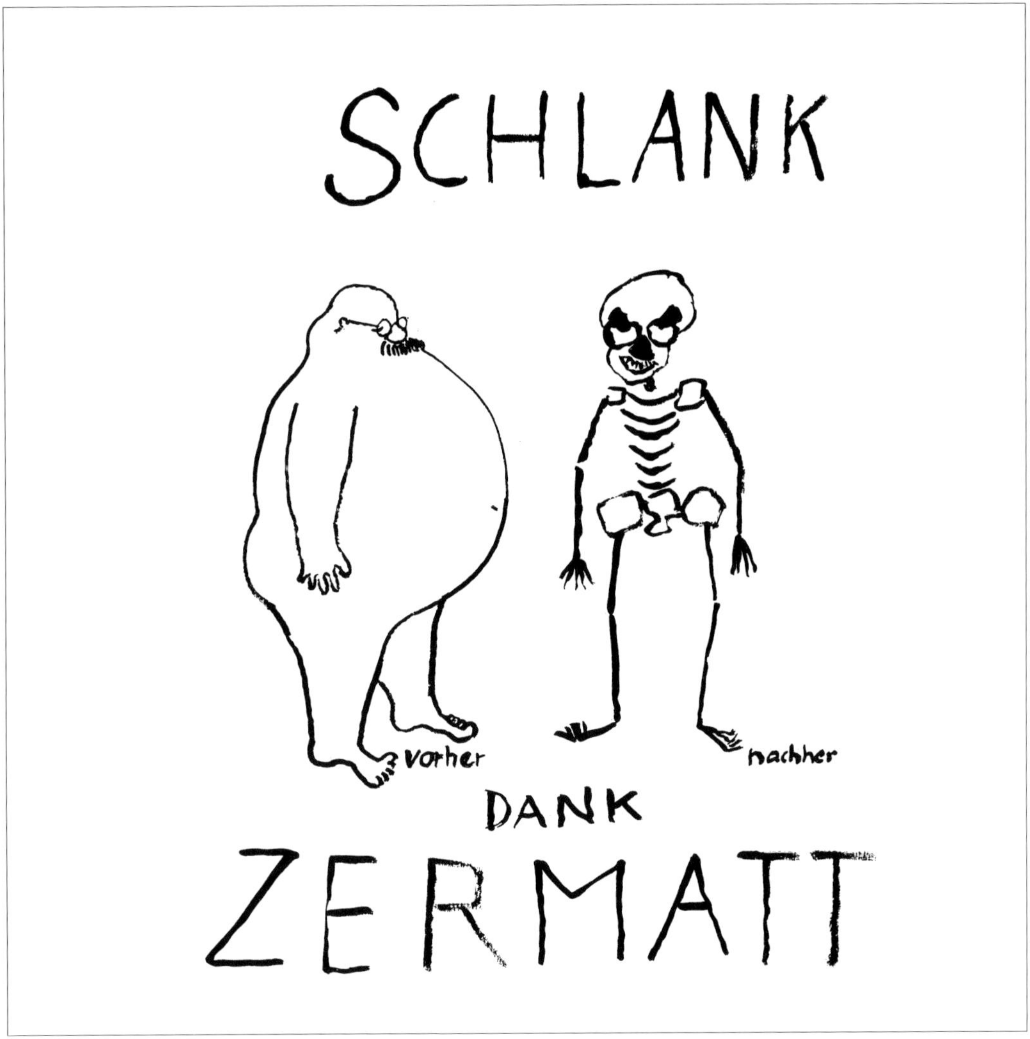
SCHLANK
vorher
nachher
DANK
ZERMATT

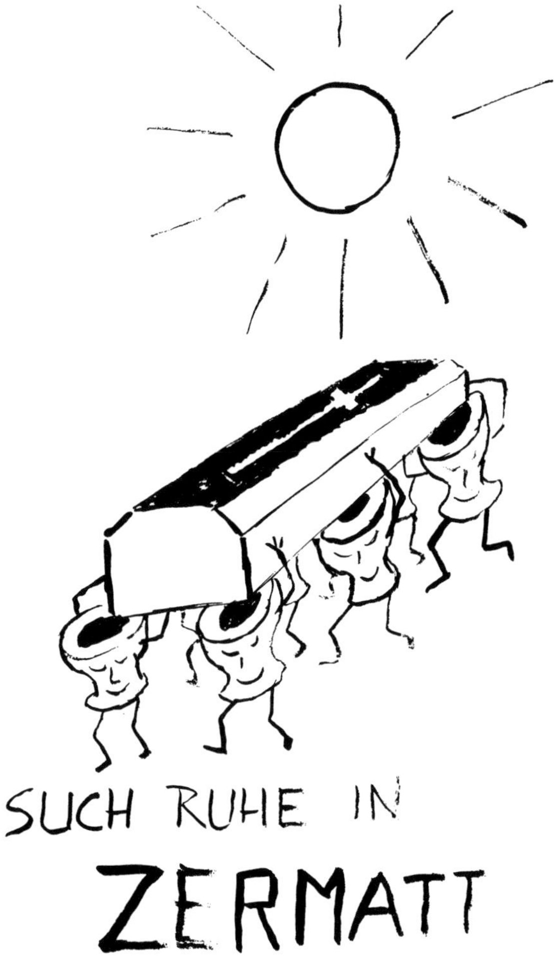
SUCH RUHE IN
ZERMATT

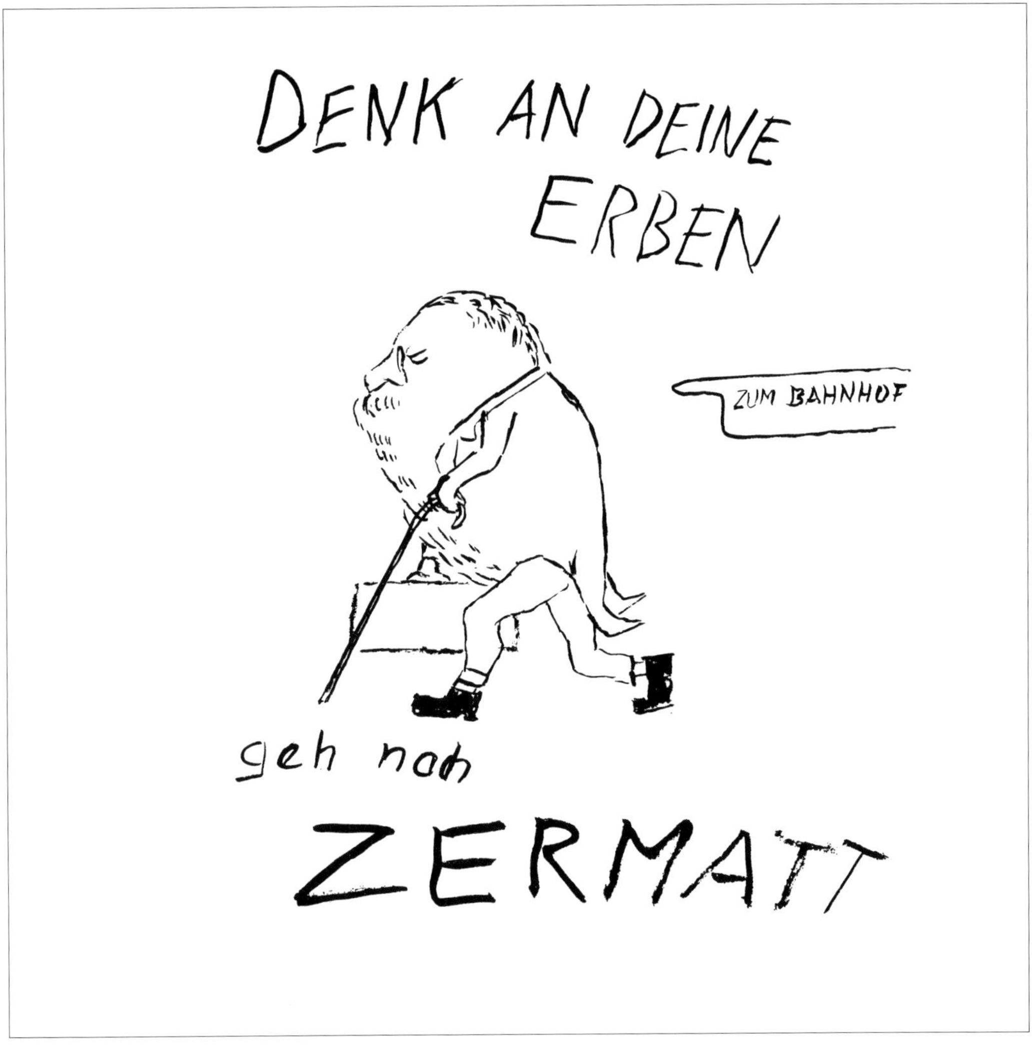
DENK AN DEINE ERBEN
ZUM BAHNHOF
geh nach
ZERMATT

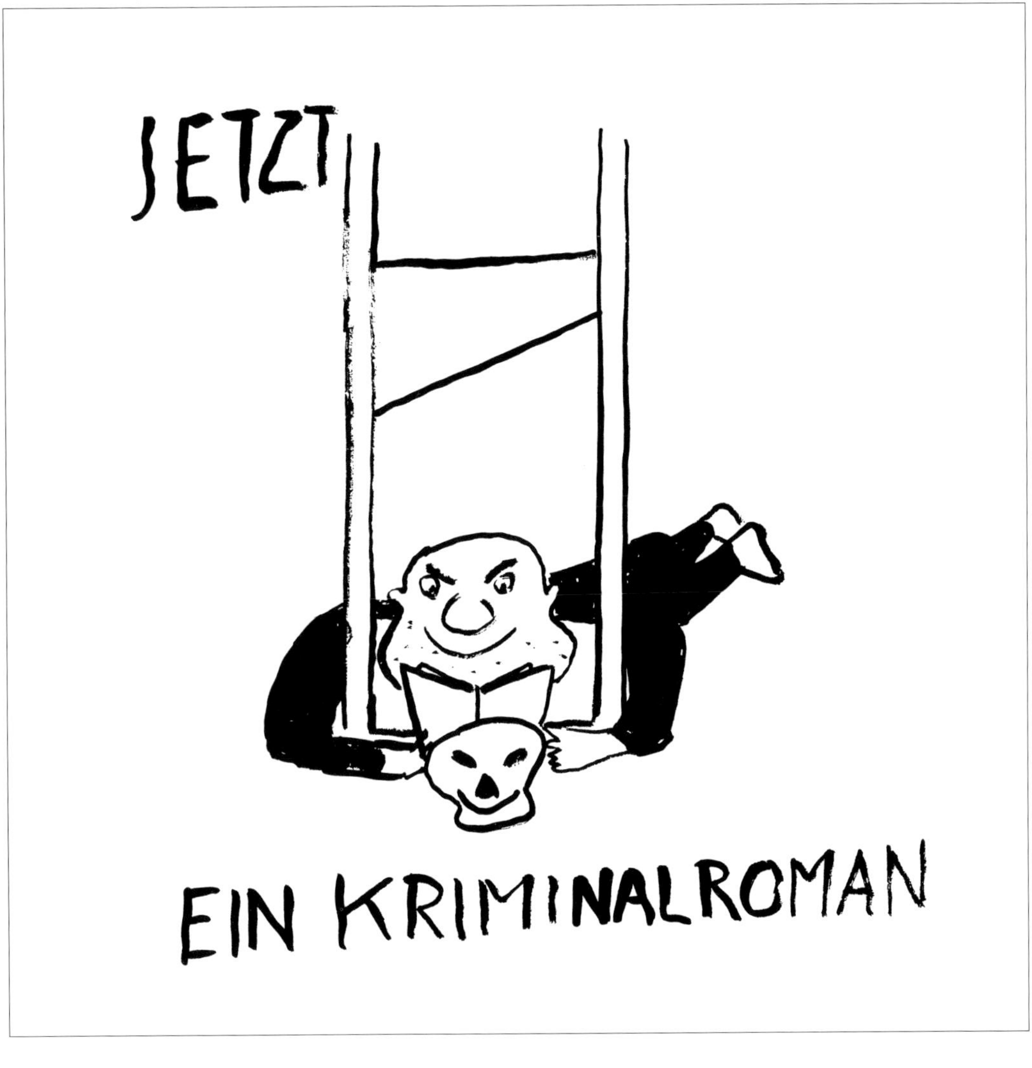
JETZT
EIN KRIMINALROMAN

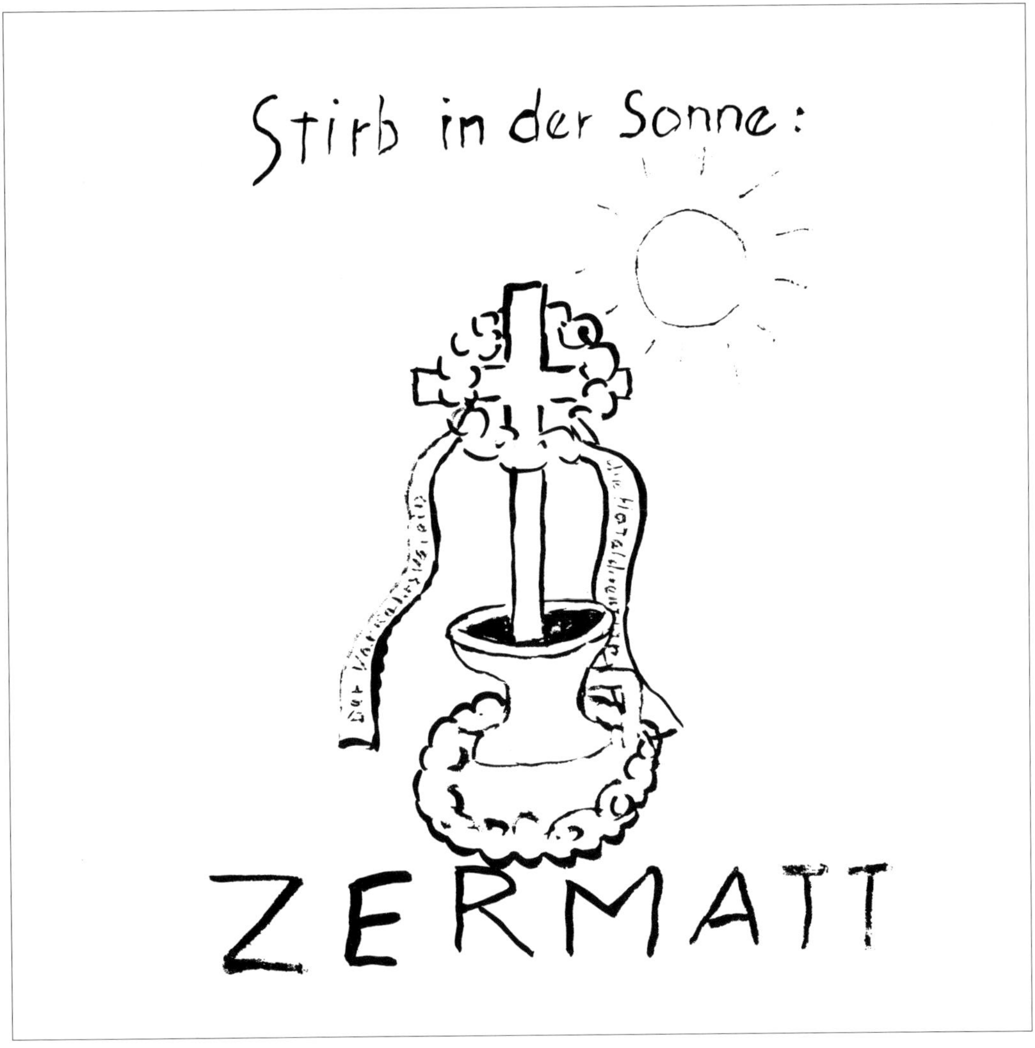
Stirb in der Sonne:
ZERMATT

ZERMATT

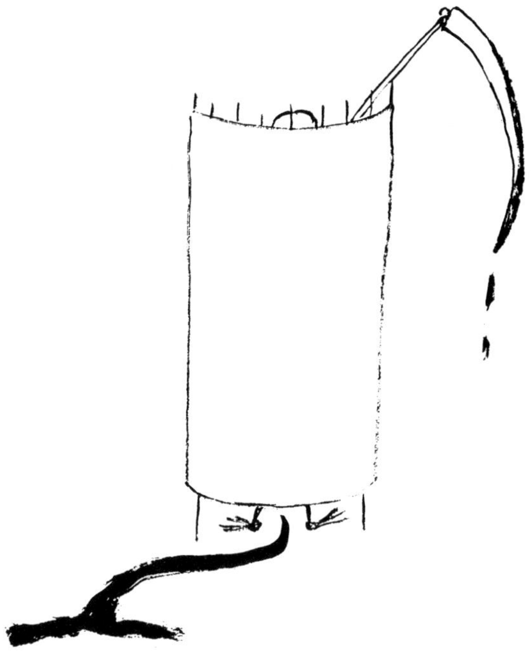

UND SEINE ANLAGEN

ZERMATT

und seine quellen

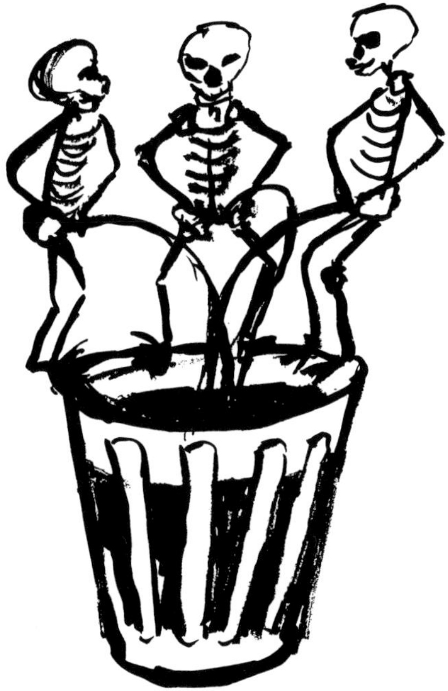

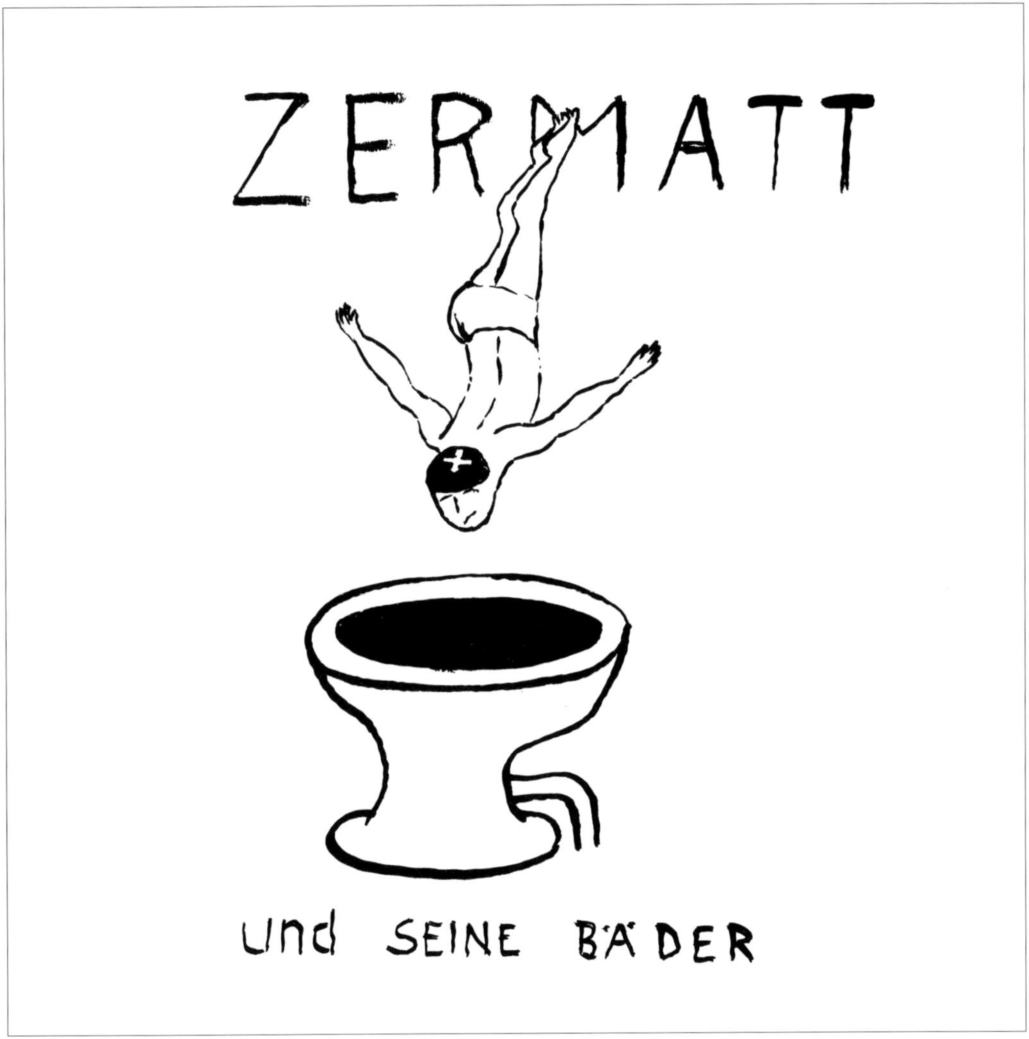
ZERMATT
und SEINE BÄDER

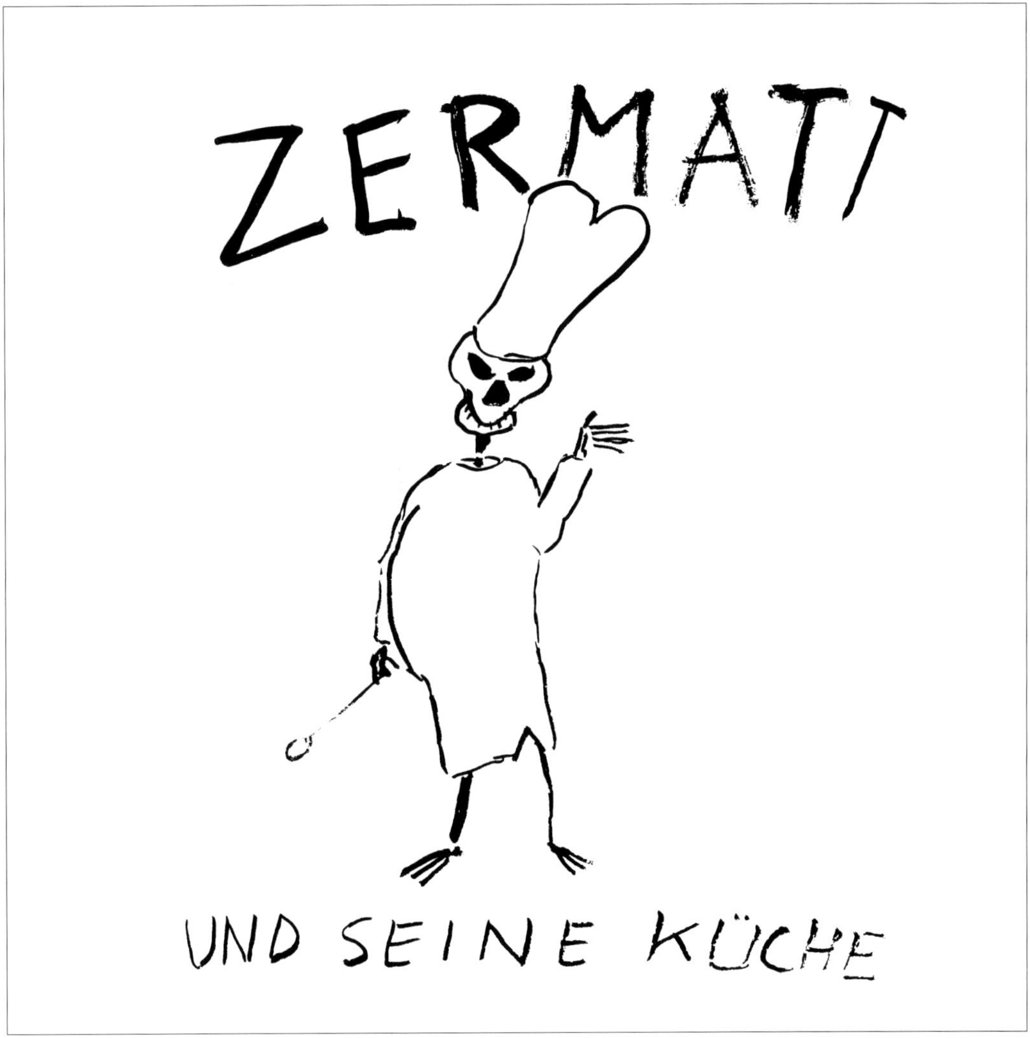
ZERMATT
UND SEINE KÜCHE

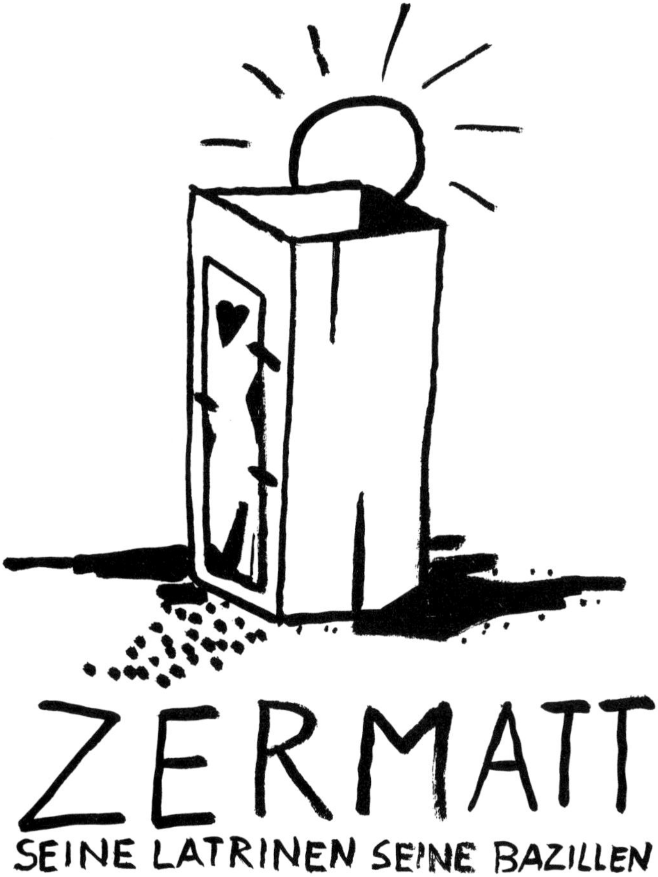
ZERMATT
SEINE LATRINEN SEINE BAZILLEN

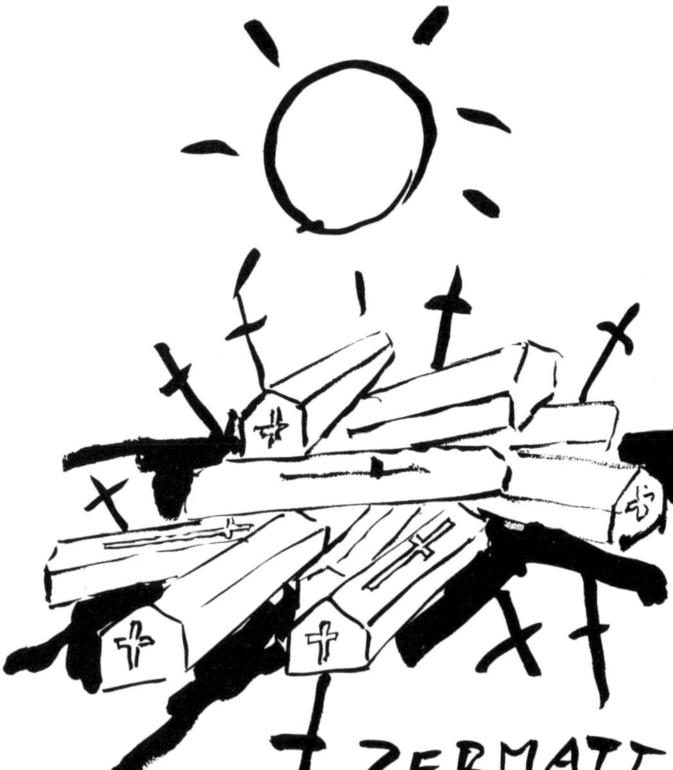
ZERMATT
und seine
Tischler!

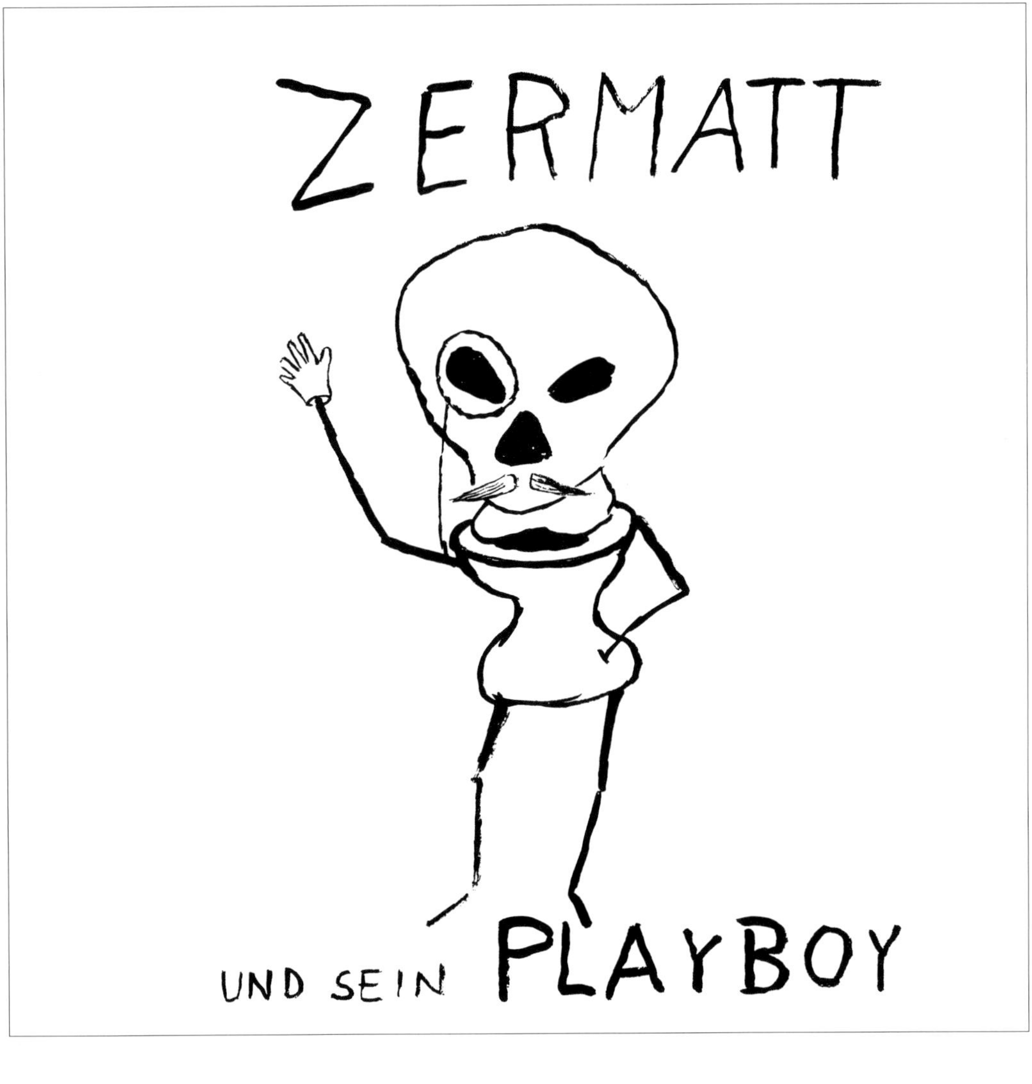
ZERMATT
UND SEIN PLAYBOY

ZERMATT

und SEINE

MUSIKER

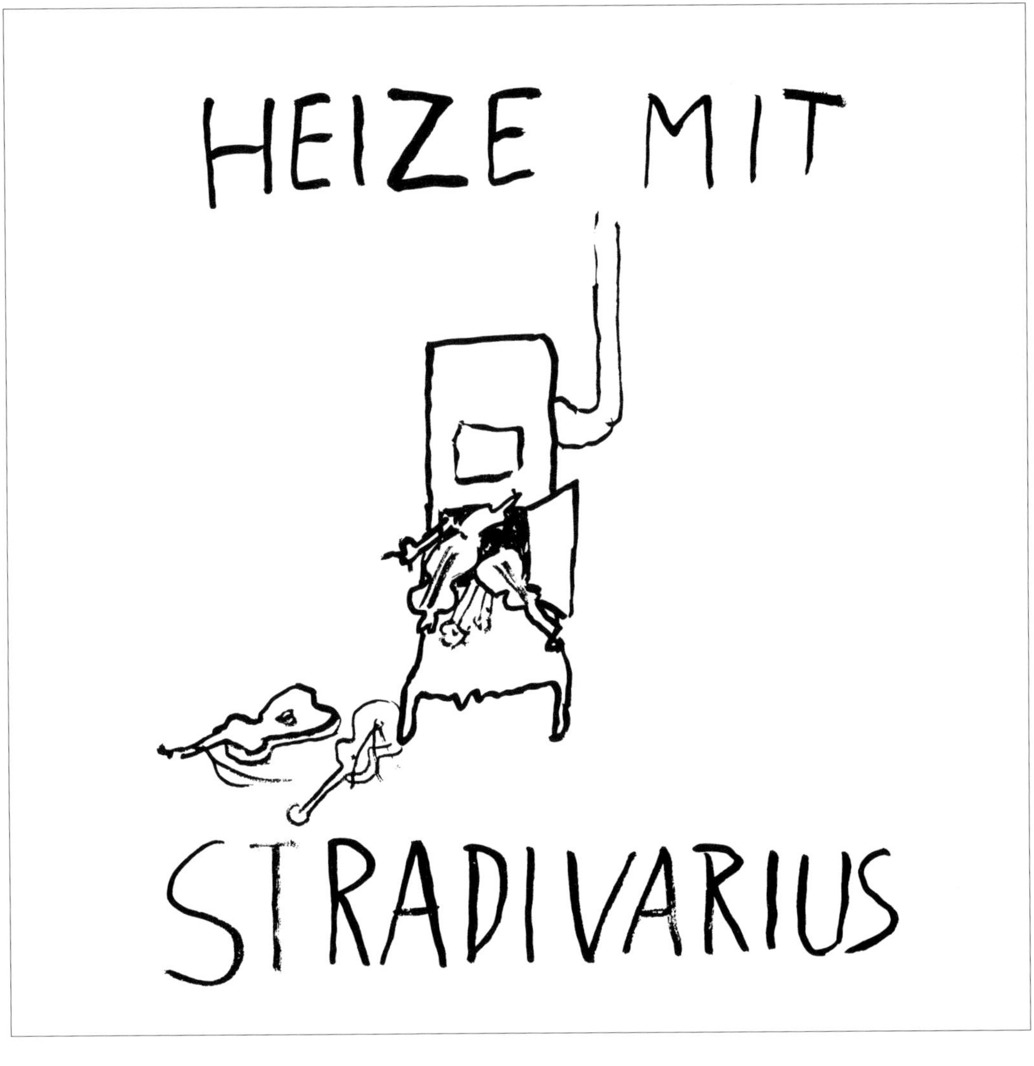
HEIZE MIT
STRADIVARIUS

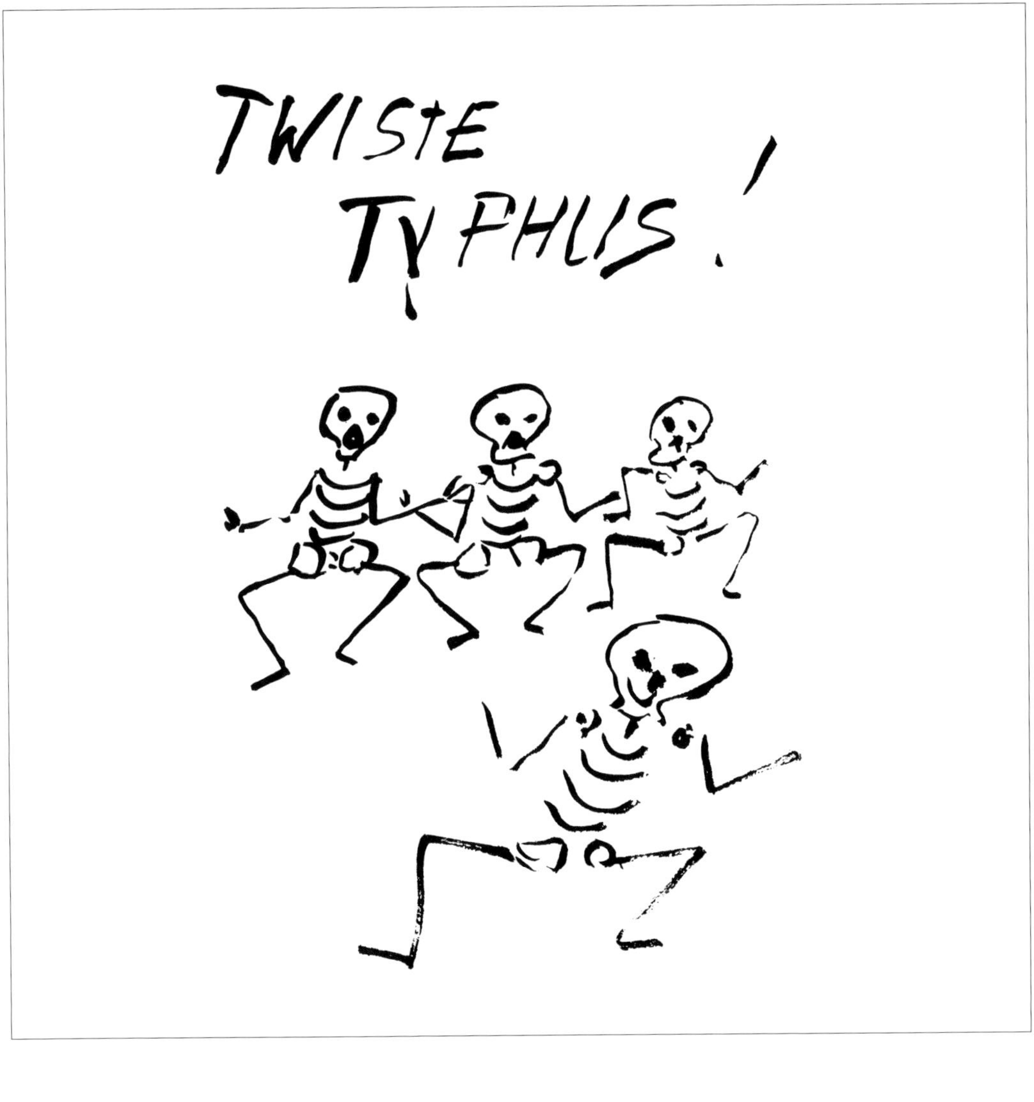
TWISTE
TYPHUS!

GEGEN WAGNER

hilft nur

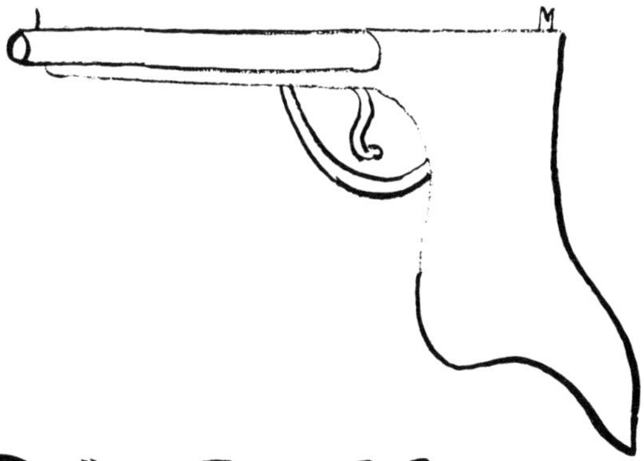

BÜHRLES

GALAREVOLVER

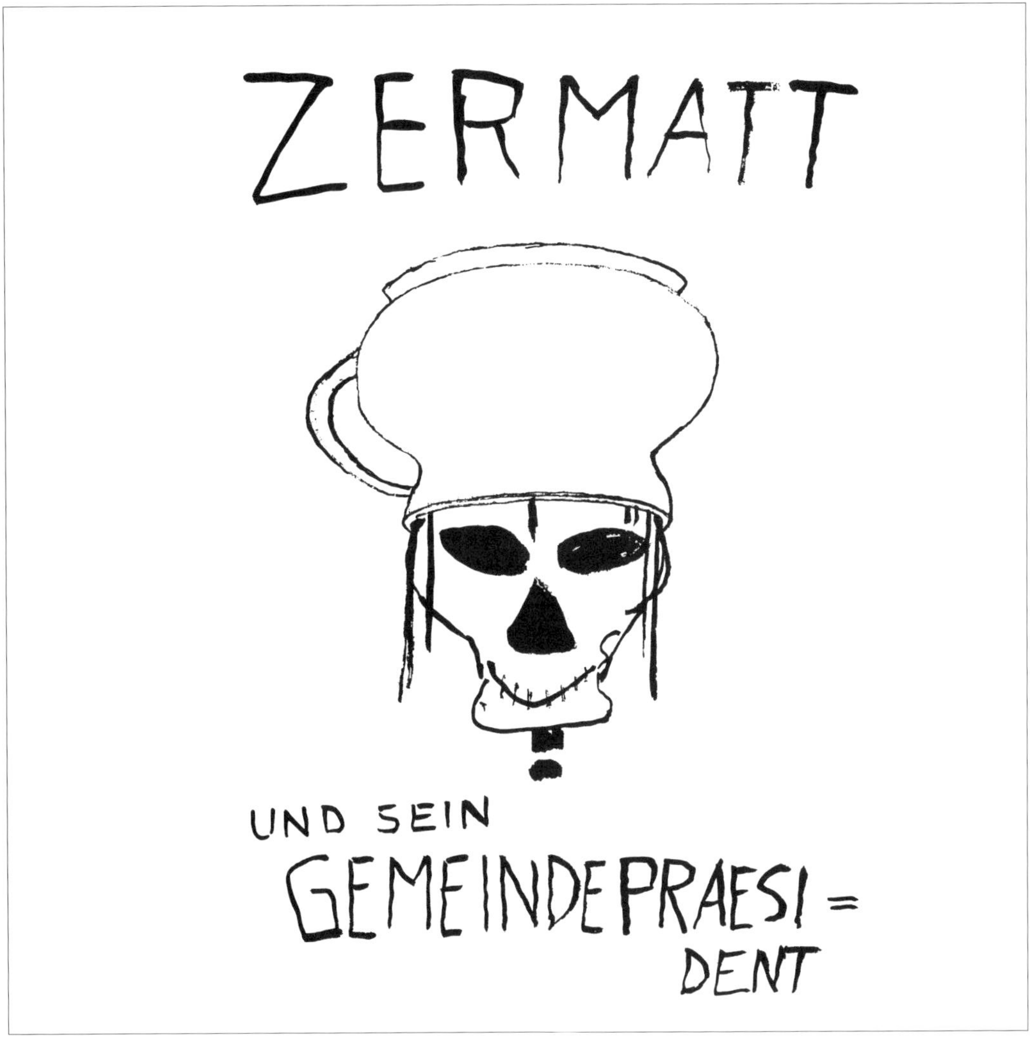
ZERMATT
UND SEIN
GEMEINDEPRAESI=
DENT

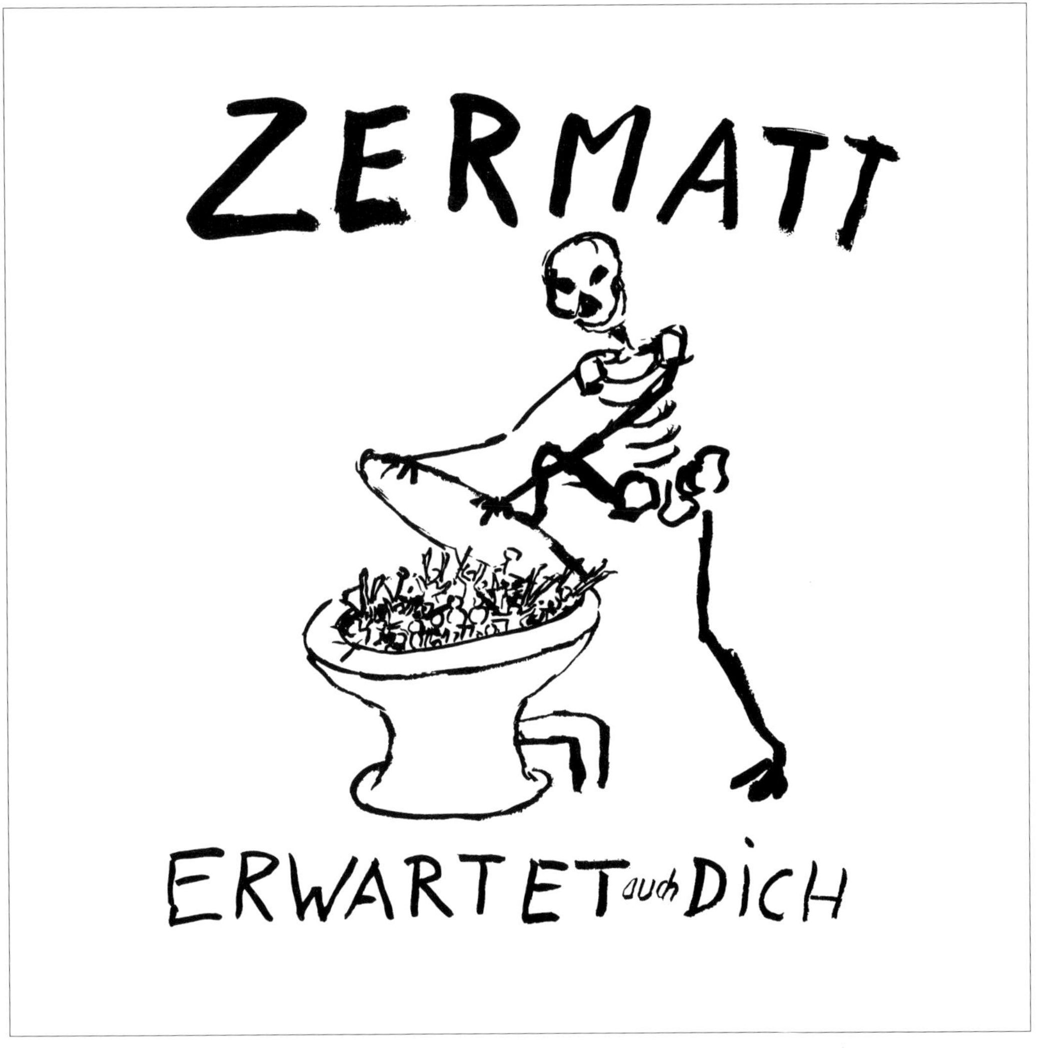
ZERMATT
ERWARTET auch DICH

IETZT

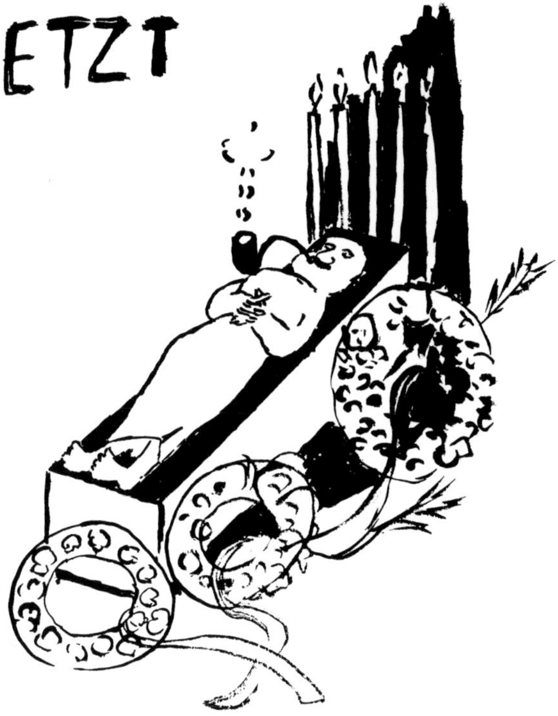

EINE PFEIFE

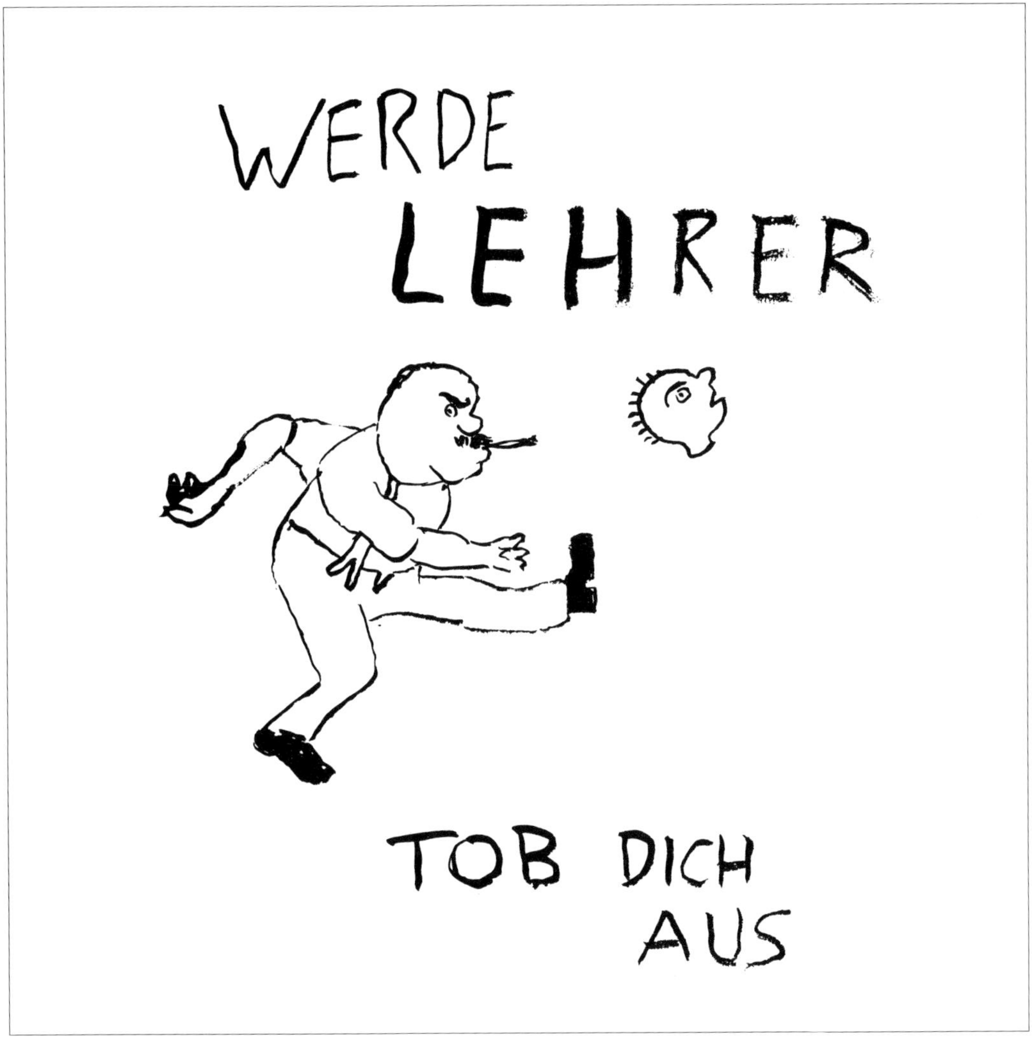
WERDE
LEHRER
TOB DICH
AUS

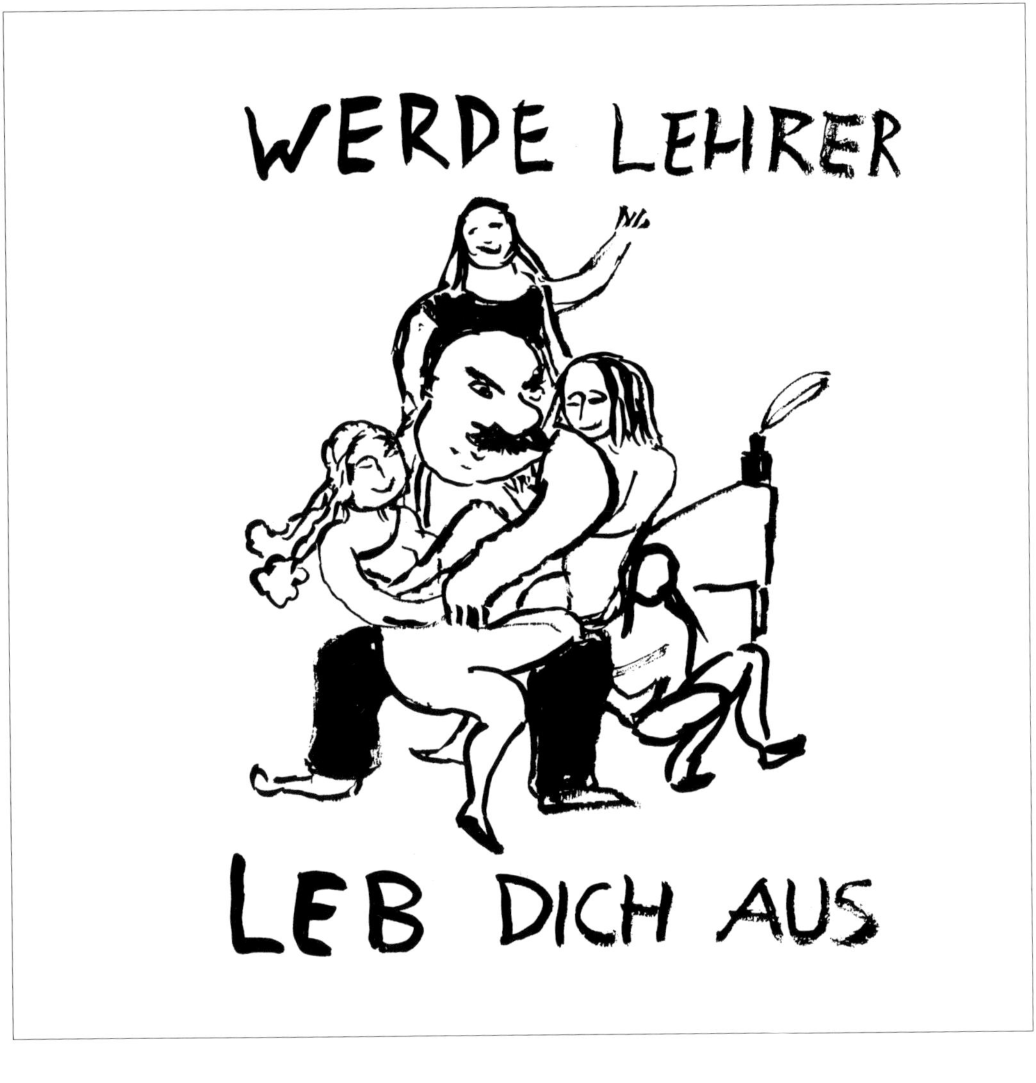
WERDE LEHRER
LEB DICH AUS

UNGEHEUER MELDET EUCH

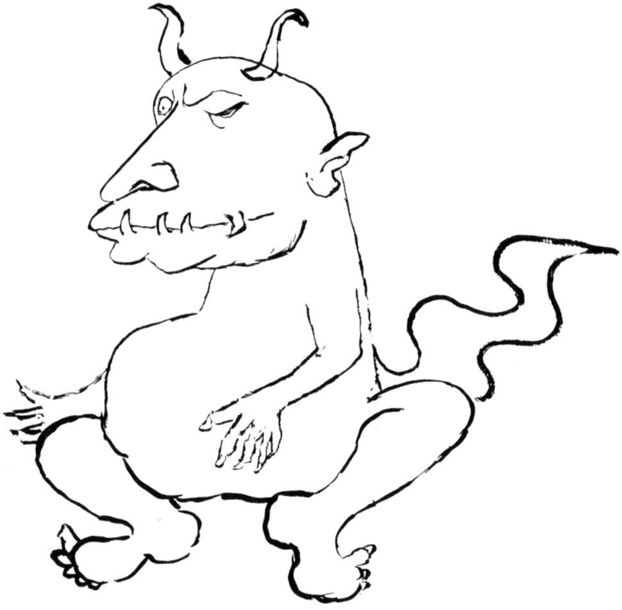

ALS LEHRER

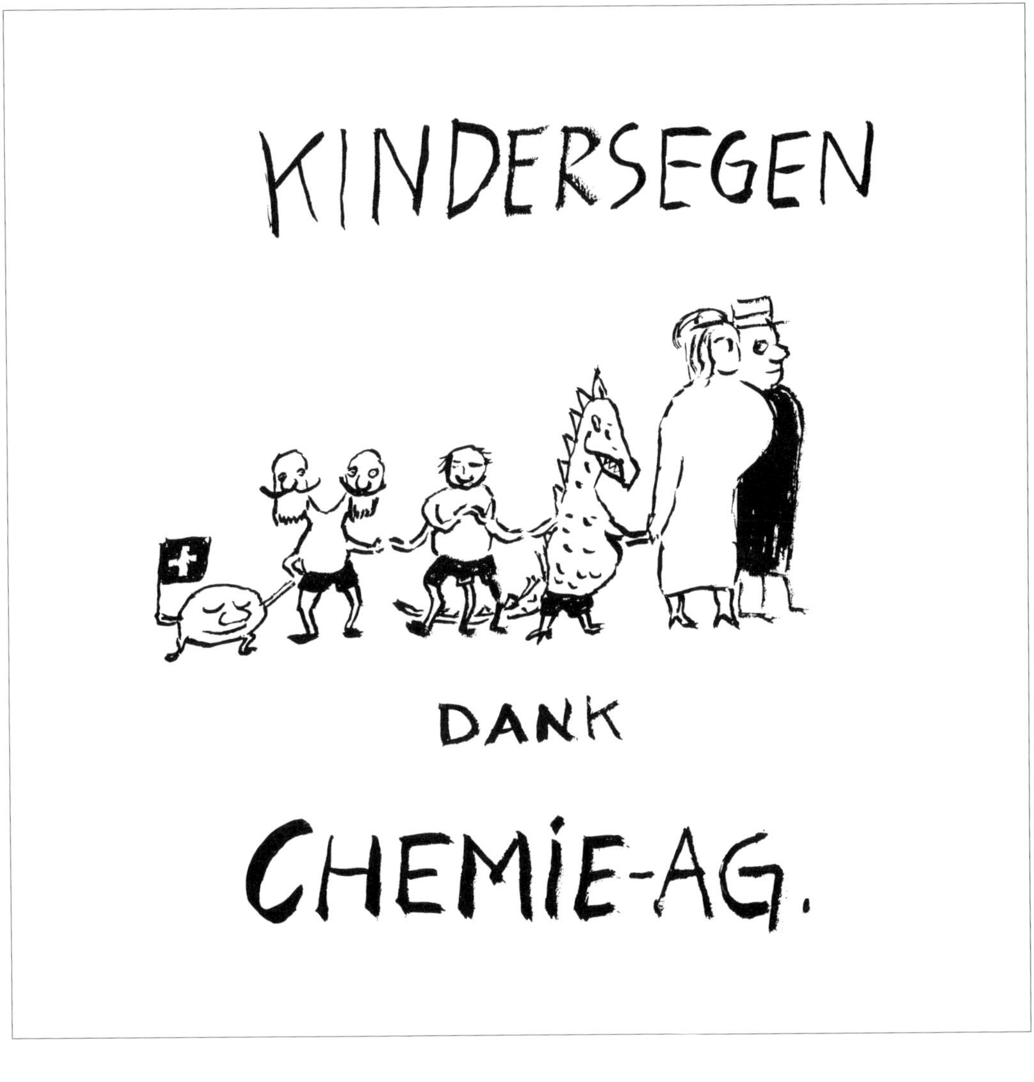
KINDERSEGEN
DANK
CHEMIE-AG.

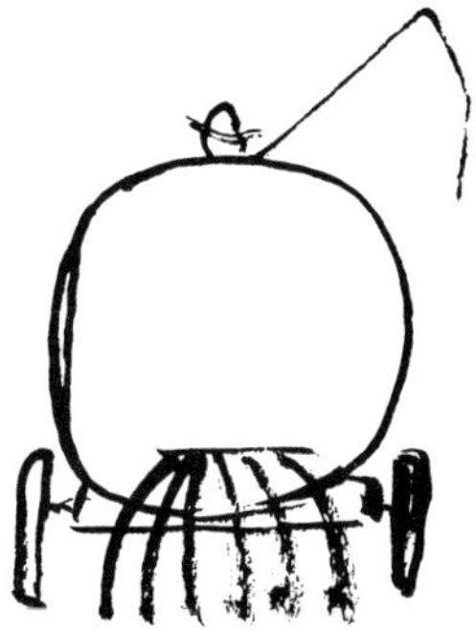

DANK DULCOLAX

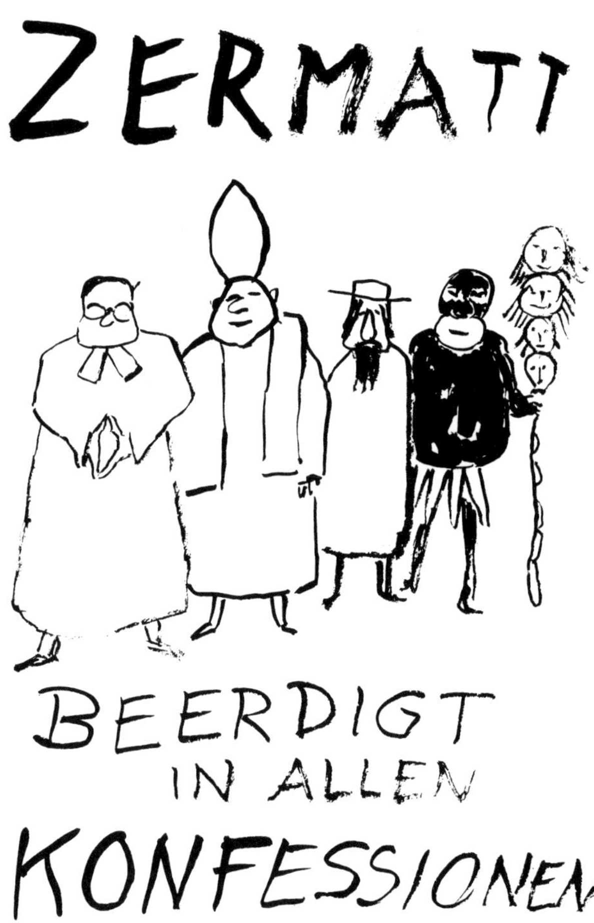
ZERMATT
BEERDIGT
IN ALLEN
KONFESSIONEN

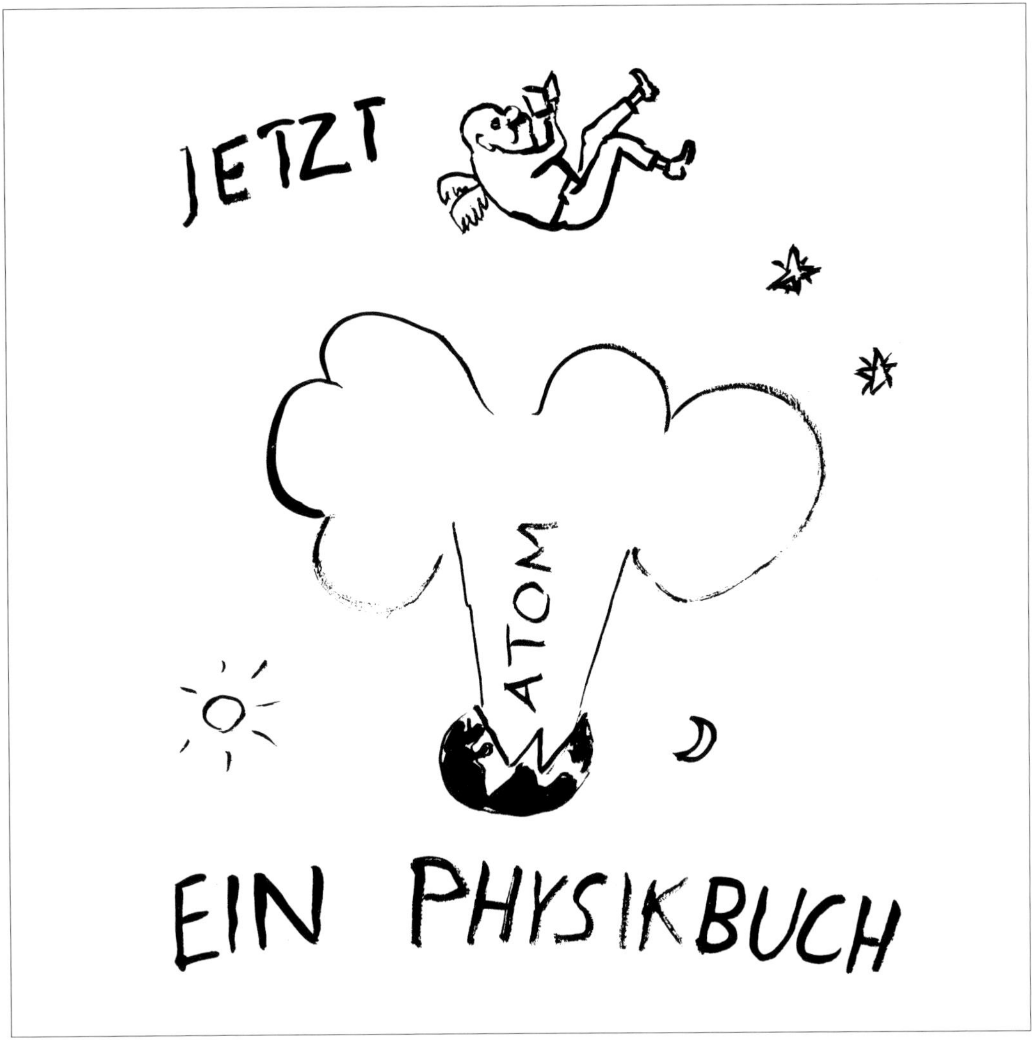
JETZT
ATOM
EIN PHYSIKBUCH

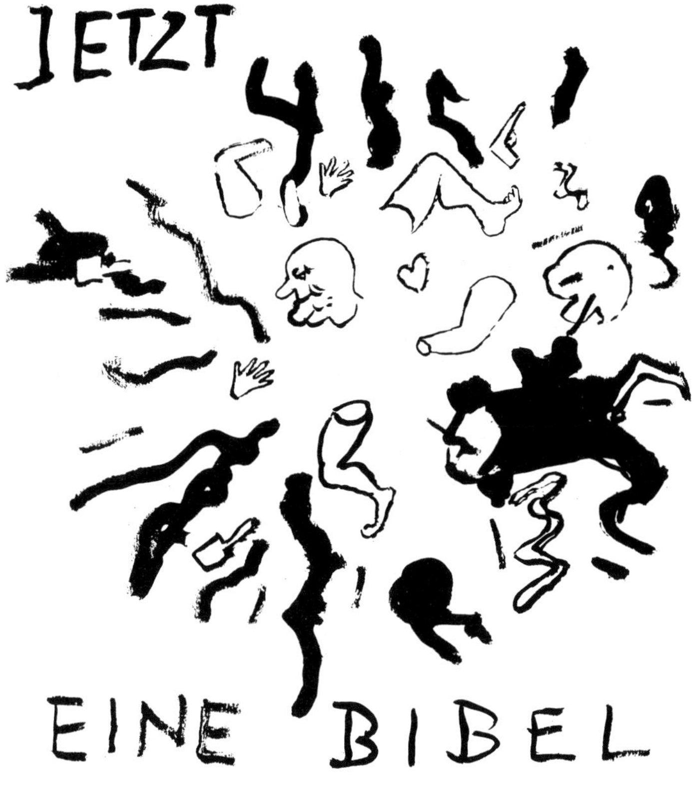
JETZT
EINE BIBEL

AUCH DU KANNST

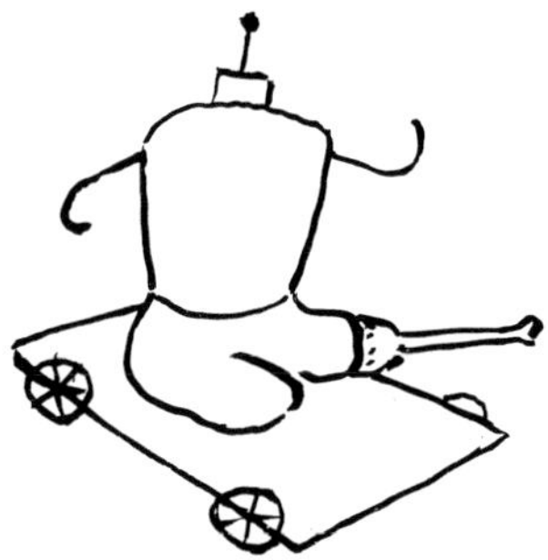

noch LEHRER WERDEN

BESSEREN SCHLAF

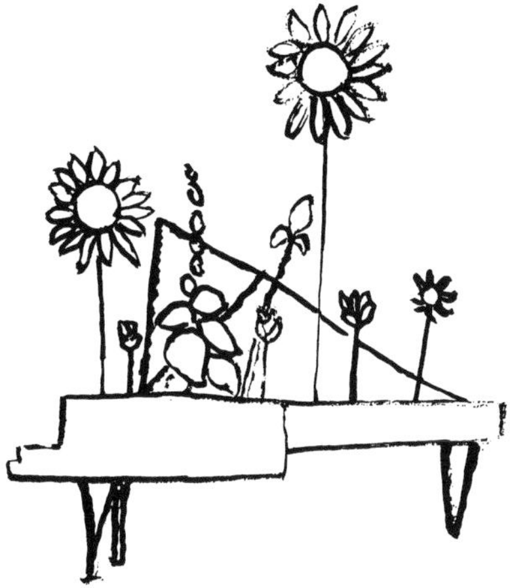

MIT BLUMEN IM
STEINWAY

Die Heimat im Plakat
Ein Buch für Schweizer Kinder

Anfang März 1963 bricht im Schweizer Ferienort Zermatt eine Typhusepidemie aus. 2005 lautet die offizielle Erklärung: »Die Einleitung von ungeklärtem Abwasser in den als Trinkwasserquelle genutzten Zmuttbach und ein gleichzeitiger Defekt der Chlorierungsanlage in Zermatt führte 1963 zur Verteilung von *Salmonella typhii.*« *(Homepage der Eidgenössischen Anstalt für Wasserversorgung, Abwasserreinigung und Gewässerschutz, EAWAG)*

Doch im März 1963 versucht die saubere Schweiz den Skandal zu vertuschen – mehrere Wochen vergehen, bis die Behörden die Typhusepidemie als solche erkennen und den Ferienort unter Quarantäne stellen:

»Am 10. März 1963 meldet ein Zermatter Arzt den ersten Typhusfall. Das kantonale Gesundheitsamt wird verständigt. Vier Tage später, am 14. März, wird dieser Verdacht bestätigt. In der darauffolgenden Woche wird in der Turnhalle des Schulhauses [für die mehreren hundert Erkrankten] ein Notspital eingerichtet. Ein Detachement der Sanitäts-Abteilung 5 der Armee wird nach Zermatt abkommandiert. Am 25. März beschließt der Hotelierverein Zermatt die vollständige Schließung der Hotels. Die Gäste werden nach Hause geschickt, und die ganze Zermatter Bevölkerung muß sich einer Untersuchung unterziehen. Am 23. April wird die Militärtruppe entlassen. Leider sind drei Todesopfer zu beklagen.« *(library.thinkquest.org)* Eine Untersuchungskommission wird berufen, kommt 1963 aber zu keinem offiziellen Ergebnis.

Über diese Art von Chauvinismus und Selbstzufriedenheit mokiert sich Dürrenmatt in seinen imaginären Werbeplakaten für Zermatt – »mit einer Direktheit, wie sie heute vielleicht etwa noch in Äußerungen der ›Subkultur‹ vorkommt. Diese Direktheit, treffsichere Bosheit, das ist das eigentlich entdeckenswerte an [diesem Buch].« *(Tages-Anzeiger, Zürich, 28. April 1981)*
Die Plakate – in den verregneten Osterferien 1963 unter dem Eindruck der weiter andauernden Epidemie zum Zeitvertreib für seine Kinder gezeichnet – werden wenige Monate später erstmals veröffentlicht.

Warum der Untertitel ›Ein Buch für Schweizer Kinder‹? »Kinder seien die einzigen Realisten in dieser Welt; diese würde von den Erwachsenen nur romantisiert, sagt Vater Dürrenmatt, und ›realistisch‹, d. h. deutlich und ohne Mäntelchen über den Tatsachen, sind auch seine Zeichnungen und Sprüche ausgefallen.« *(Beatrice von Matt / Neue Zürcher Zeitung, 18. August 1994)*

Besser als irgendeines seiner bildnerischen Werke zeigt *Die Heimat im Plakat* Dürrenmatts Fähigkeit zur intelligenten, aber nicht minder lautstarken Provokation, die ihm in der Schweiz nach der Veröffentlichung vehemente Ablehnung einbrachte, wie zum Beispiel in der Kritik vom Mai 1964 des *Schaffhauser Kirchenboten:* »Wenn es ein Witz

ist, dann ein unverantwortlicher. Was tut Dürrenmatt? Weiß er etwas von den tieferen Aspekten seiner Themen? – bewahre: Er macht sich in einer groben, primitiven Weise über alles, auch über den Tod und die Bibel und die Lehrer und die Kirche und was es sonst noch geben mag, lustig!« Oder in den *Basler Nachrichten:* »Ein paar hübsche Einfälle kommen gegen den Misthaufen dieses neuen Augiasstalles nicht auf: ein Misthaufen, der aus Plattheiten gezöpfelt ist.«
Aber auch nachdenkliche Stimmen melden sich, wie im *St. Galler Tagblatt:* »Diese Sammlung von zum Teil in ihrer Knappheit und Einprägsamkeit nicht mehr zu überbietenden Plakaten kann bei niemandem ein befreiendes Lachen auslösen. Allen möglichen Einwänden gegenüber soll mit Tucholsky (im Jahre 1919!) gefragt und geantwortet werden: Was darf die Satire? Alles. Alles in allem gelang Dürrenmatt hier eine kaum zu übertreffende Sammlung von Anti-Plakaten.« Oder in der *Zürcher Woche* vom 19. November 1963: »Friedrich Dürrenmatts ausgesprochener Sinn für Groteske und Makabres, gepaart mit seiner unermüdlichen Spottlust und mit seiner Freude am Zeichnen haben [in einem Buch] einen Niederschlag gefunden, der allzu zarten Seelen und Hurra-Patrioten am Nerv zehren [sic!] wird.«

Im Ausland machte Dürrenmatt mit seinem Buch Furore. Sieben Plakate wurden im Spiegel vorabgedruckt, und die *Frankfurter Allgemeine Zeitung* schrieb: »An *Die Heimat im Plakat* erkennt man den ganzen Dürrenmatt: seine satirische Lust, seine geißelnde Kritik, seinen Willen, durch Gelächter Mißstände zu bessern.«
Es gibt viel direktes Lob für Dürrenmatt, so zum Beispiel in der November-Nummer 1965 der Wiener Zeitschrift *Moderne Literatur:*

»Was hier in wenigen gekonnten Strichen aufs Papier geworfen und konzentriert in flüchtiger Blockschrift kommentiert wird, trifft hart den Kern der modernen, mit Unterschwelligkeit aufgeputzten unerhört suggestiven Plakatkunst. F. D. hat sich vor allem den Schweizer Wein, die Werbung für den Lehrerberuf und den Typhusfall von Zermatt aufs Korn genommen. Ein hintergründiges, wahrhaft eropäisches Buch.« Und der *Neue Bücherdienst,* Wien schreibt 1963: »Großartige satirische Einfälle [...] geißeln typische helvetische Charakteristika [...] Man fragt sich allerdings, ob sich diese Spießbürgerlichkeit und zeitweise Geschmacksverirrung nicht auch auf unseren Raum ausdehne und Dürrenmatt nicht europäische Verhältnisse im allgemeinen anprangert. Jedenfalls stellt das Buch einen scharfen Angriff auf die Selbstzufriedenheit zarter Bürgerseelen dar. Vor allem Anhänger des Grotesken und Makabren, die Mut zu einer bedingungslosen Selbstkritik finden, werden die Pfeilschüsse Dürrenmatts humorvoll genießen.«

Es gibt aber auch indirektes Lob für die Schweizer, deren Demokratieverständnis und Humor ein solches Buch zu würdigen weiß. Die *Schwäbische Donauzeitung* bringt es am 4. April 1965 auf den Punkt: »Es soll Menschen geben, denen sich unter der Hand alles, was sie anfassen, in Gold verwandelt. [...] Bei Friedrich Dürrenmatt, dem auch bei uns vielgespielten und wohlrenommierten Dramatiker, ist es nicht Gold, sondern Galle, bittere, rosa-ironische, naturreine Galle. Er zeichnete in den Osterferien am Mittelmeer ein ›Buch für Schweizer Kinder‹. Es besteht aus zweiundvierzig flüchtig hingeworfenen, unbeholfen gezeichneten Schwarz-Weiß-Skizzen für Plakate mit erfundenen Slogans. Sie sind so unwahrscheinlich keck und zynisch, daß wir nur ein einziges fanden, das wir unseren Lehrern vorzusetzen wagen. Wie sich Dürrenmatt – man erinnere sich an seinen bösen Turnverein im *Besuch der alten Dame* – im Lande des guten Plakats an Themen vergeht, die seinen Mitbürgern hoch und teuer sind, an den sanitären Verhältnissen in Zermatt etwa, dem edlen Schweizer Wein oder dem Stand der Lehrer [...], das ist geradezu fulminant und hätte, wäre es bei uns in der BRD passiert, längst eine ganze Kettenreaktion von Beleidigungsprozessen ausgelöst. [...] In der Schweiz aber rührt sich nix. Anscheinend haben die Eidgenossen zur Demokratie nicht nur ein lockeres Verhältnis, sondern sie sind legitim mit ihr verheiratet. Und sie verstehen sich auf Humor, auch wenn er rabenschwarz ist.«

Die Heimat im Plakat – diese Zeichnungen gilt es heute wiederzuentdecken; sie sind ein Skandalon, das bis heute wenig Sprengkraft eingebüßt hat, das noch heute ganz schön politisch unkorrekt daherkommt: »Die Heimat im Plakat [...], ›das illegitime Kind meiner Produktion‹ (so Dürrenmatt), enthält satirische Plakatentwürfe zu Themen, die nicht nur in der Schweiz virulent waren und sind«, schreibt die *Berner Zeitung* am 15. April 1981. Und der Züricher *Tages-Anzeiger* findet (5. Oktober 1994): »Die Heimat im Plakat, [das sind] spöttische, witzige, groteske Skizzen aus dem Schweizer Alltagsleben, die auch heute noch lustig sind.«